PHILEAS DEL MONTESEXTO

LOS PILARES
DE LA PANSOFÍA

Enciclopedia de la Sabiduría Antigua

Volumen I

ESCUELA INTERNACIONAL DE FILOSOFÍA INICIÁTICA

Segunda edición: Agosto 2014

Editado por Opus Philosophicae Initiationis Internacional
info@initiationis.org
www.initiationis.org

Dibujo de tapa: Adrià Volt
Dibujos interiores: César Fernández (a lápiz, blanco y negro) y
Adrià Volt (imágenes de los vehículos del ser humano, a color)
Esquema de la escala iniciática: Héctor Fabián Perea

Dedico fraternalmente esta obra a Maru Araiza y Maricarmen Grandi, quienes difunden desinteresadamente la luz de la Sabiduría Antigua en México y Bolivia respectivamente.

Agradezco especialmente a todas aquellas personas que me aconsejaron y me ayudaron a escribir, corregir y editar este libro: Luis Yompián, Mary Barceló, Maricarmen Grandi, John Tyrson, Eladio Ortega y Víctor Herrera.

Por su desinteresada ayuda para que este libro haya sido finalmente editado, deseo expresar mi reconocimiento a: José Mato, Antonio Bataller, José Guillermo Bello, José Contreras, José Antonio Flores, Fabio Tecco y especialmente al comprometido esfuerzo de Mary Barceló.

Contenido

Prólogo del autor 11

La Filosofía Perenne como alternativa 13

Método de estudio 15

El Templo de la Pansofía 17

Una advertencia inicial 18

Los tres picapedreros 20

El umbral del Templo 24

La Sala Preliminar 32

Empieza a vivir tus ideales 39

Cuento: Los pocitos y el pozo 40

La Sala del Sueño 42

Las cosas que no te atañen 51

Cuento: ¿Hasta cuándo dormido? 52

La Sala de Oriente y Occidente 55

Cuento: El espejo de la diosa 62

La Sala del Autoconocimiento 65

El ejemplo del carruaje 74

Cuento: ¿Quién eres? 75

La Sala de los Cuatro Elementos 78

Cuento: El bote de Nassrudin 85

La Sala de la Ley 87

La Sala de la Vida y de la Muerte 95

Cuento: La historia de la humanidad 105

La Sala del Absoluto 108

Dios cercano a ti 114

La Sala del Trabajo 116

La Sala de la Unidad 125

Mantra de la Unificación 130

Cuento: Soy tú 131

La Sala de la Virtud 132

La Sala de los Misterios 138

Glosario de términos 143

Referencias bibliográficas y notas 151

El Programa OPI 152

¿Para qué sirven los anteojos y las candelas si no se quiere ver?

(Obra de Cornelis Bloemaert, British Museum)

Prólogo del autor

"Yo únicamente transmito; no puedo crear cosas nue-
vas. Creo en los antiguos, y por lo tanto, los amo"

(Confucio)

En las siguientes páginas hemos tratado de sintetizar las enseñanzas fundamentales de la Filosofía Perenne en un solo volumen, de acuerdo a la metodología que propone nuestra Asociación Internacional de la Filosofía Iniciática OPI. El lector entenderá mejor y sacará mayor provecho a estas lecciones si toma en cuenta que las mismas forman parte de un Programa de estudios mucho más amplio y que los temas presentados en esta obra son desarrollados y profundizados en otros libros.

La presentación de esta serie de libros reunidos bajo el título "Enciclopedia de la Sabiduría Antigua" está inspirada en el antiguo axioma "Ad dissipata colligenda" ("Reunir lo disperso"), pues parte de la necesidad de contrarrestar la sobredosis de información existente en nuestros días, donde el principiante no sabe por dónde empezar y —lo que es peor— carece de los elementos necesarios para diferenciar las enseñanzas auténticas de la Tradición Primordial de las ficciones comerciales de la "New Age".

Los estudios que brindamos están estructurados gradualmente y son una invitación para que el lector se familiarice con los conceptos generales de la Sabiduría Antigua, aunque a lo largo de nuestros escritos advertiremos una y otra vez que es absolutamente indispensable acompañar la lectura con la puesta en práctica de las enseñanzas.

En este primer libro proponemos un recorrido imaginario por las 12 salas del Templo de la Pansofía (*), un edificio monumental donde se han conservado las principales enseñanzas de la filosofía sapiencial de los antiguos. Caminando por sus enigmáticos salones, el lector podrá encontrar respuestas a algunas de sus preguntas existenciales e imaginar así su propia peregrinación por el Sendero Iniciático, repleto de símbolos, pruebas y desafíos, hasta llegar al recinto más sagrado de todos, el Sancta Sanctorum.

Es importante aclarar que a lo largo del relato repetiremos deliberadamente algunos conceptos una y otra vez so pena de parecer insistentes. Estas reiteraciones no responden a un lapsus nuestro sino a la utilización de un recurso muy común en la transmisión del conocimiento filosófico.

El lector sagaz podrá percatarse que con cada repetición se irán agregando nuevos elementos y correspondencias para que se puedan comprender más profundamente las enseñanzas como un todo armónico y coherente.

Phileas del Montesexto

(*) El término "Pansofía" significa "Saber total" (Pan=Todo y Sofía=Sabiduría)

La Filosofía Perenne como alternativa

Muchos lectores seguramente se preguntarán: ¿por qué deberíamos iniciar este camino de autoconocimiento? o –dicho de otro modo– ¿en qué nos beneficia emprender estos estudios filosóficos?

El objetivo fundamental que nos hemos propuesto es brindar al estudiante las herramientas necesarias para potenciar una profunda transformación interior, que despierte sus facultades latentes y revolucione su conciencia a fin de alcanzar la autorrealización.

La sociedad moderna trata de convencernos mediante el bombardeo publicitario que la felicidad consiste en la satisfacción de los deseos, consumiendo más y teniendo más y más cosas. Sin embargo, esa supuesta felicidad no es duradera y cuando el deseo ha sido satisfecho el ser humano se siente frustrado pues la felicidad se le ha escapado de las manos, sintiendo la necesidad de satisfacer nuevos deseos que lo llevan a un carrusel que no tiene fin.

Según los antiguos la felicidad permanente no proviene de la satisfacción de nuestros deseos sino de vivir una vida plena y consciente, descubriendo íntimamente quiénes somos y por qué hemos nacido en este planeta. No obstante, para alcanzar esta felicidad auténtica se hace indispensable un cambio radical de nuestra forma de pensar y de sentir.

Esta transformación implica una re-educación, una nueva forma de interpretar el mundo y codificar las señales que llegan a nuestra mente a través de los sentidos.

No podemos esperar que los cambios vengan de afuera. Para cambiar el mundo, primero debemos cambiar nosotros interiormente. Si queremos un mundo más justo, más virtuoso, menos corrupto, menos violento, nosotros mismos debemos ser justos, virtuosos, erradicando de nuestra vida toda conducta corrupta y violenta.

La vida sin rumbo que nos propone la sociedad de consumo –estructurada en torno al materialismo y la ignorancia– nos ha convertido en marionetas de las circunstancias y esclavos de nuestros deseos. La filosofía perenne es una alternativa real que se contrapone a la sensibilidad predominante en el mundo moderno y nos invita a tomar el control de nuestra existencia, formándonos integralmente a fin de alcanzar una vida plena.

Vale la pena vivir de una manera más digna y consciente y atreverse a transitar la senda de los antiguos, aun cuando el mundo entero parece estar yendo en la dirección contraria.

Método de estudio

El método de estudio que presentamos en nuestros escritos se fundamenta en el esfuerzo personal y en la diferenciación entre "leer" y "estudiar", pues –si bien la lectura puede "abrirnos los ojos"– es imposible alcanzar la iluminación o iniciarse simplemente acumulando datos e información.

Los alquimistas decían: *"Rumpite libros ne corda rumpantur"* ("Romped los libros, no sea que rompan vuestro corazón"), que en su sentido profundo significa que los libros como un fin en sí mismo y no como un medio para algo superior pueden ser más nocivos que beneficiosos.

Quienes prefieran simplemente "leer" podrán INFOR-MARSE de una gran variedad de temas, pero aquellos que realmente prefieran "estudiar" tendrán la oportunidad de FORMARSE, atendiendo a nuestro método práctico y gradual, basado en la máxima de "APRENDER HACIEN-DO".

El método educativo al que estamos acostumbrados puede describirse de la siguiente manera:

"NOSOTROS tenemos el conocimiento y USTED no lo tiene, por eso le daremos una charla acerca de las cosas que debería conocer y al poco tiempo le preguntaremos (mediante un examen o prueba) si conserva en su memoria las cosas que le contamos".

Sin embargo, este enunciado está bastante alejado del espíritu de nuestros estudios, ya que declaramos estar en consonancia con dos ideas capitales enseñadas por los antiguos:

1) Platón dijo: *"Todo conocimiento es recuerdo"*, por lo cual los instructores y facilitadores deben "facilitar" el camino para que el estudiante "recuerde" lo que ya sabe interiormente.

2) Aristóteles agregó: *"Lo que tenemos que aprender, lo aprendemos haciendo. Lo que se memoriza se olvida y sobre todo, si lo que se aprende no proviene de la experiencia propia, no se aprende y se olvida rápidamente".*

Teniendo en cuenta esto, el modelo que presentamos en nuestras obras es el siguiente:

"NOSOTROS le facilitaremos el conocimiento y las técnicas para acceder a otros niveles de conciencia y re-

cordar. *USTED sea disciplinado y constante, llevando a la práctica lo aprendido y no se limite a acumular información".*

Haz algo más que existir, VIVE.

Haz algo más que mirar, OBSERVA.

Haz algo más que leer, ASIMILA.

Haz algo más que oír, ESCUCHA.

Haz algo más que escuchar, COMPRENDE.

Haz algo más que hablar, DI ALGO ÚTIL.

Haz algo más que proponer, ¡ACTÚA!

El Templo de la Pansofía

Caminante: ¡Sé bienvenido a este paraje sagrado! Tu incesante búsqueda de respuestas y tu denodada peregrinación por diferentes caminos finalmente te ha traído hasta esta fabulosa construcción de mármol que se halla delante de ti, el santuario más importante de la Tradición Primodial: el Templo de la Pansofía.

En las salas interiores de este monumental recinto, los discípulos e iniciados han conservado celosamente todas las enseñanzas trascendentes de la humanidad, legadas desde tiempos primordiales por los grandes Maestros e Instructores que tuvieron la lucidez necesaria para adaptar el mensaje universal de la Sabiduría Antigua a las mentalidades de las diferentes épocas y los diversos entornos geográficos.

Esta construcción pansófica es el refugio de los filósofos, una réplica de los edificios de las Escuelas de Misterios de la antigüedad, que eran el ámbito propicio para que los grandes sabios y legisladores se formaran integralmente y utilizaran más tarde las enseñanzas recibidas para beneficio de sus semejantes.

Si tú, caminante, estás absolutamente decidido a transformar positivamente tu vida, abandonando las ilusiones de una sociedad insana, puedes comenzar a transitar la senda de perfeccionamiento que proponemos a fin de encontrar el sentido de tu vida. No dudes más. Avanza y da el primer paso. Sé bienvenido al Templo de la Pansofía.

Una advertencia inicial

En el Templo de la Pansofía se transmiten enseñanzas filosóficas e iniciáticas. Sin embargo, estas dos palabras no deberían entenderse a la manera habitual. En nuestros días, la Filosofía es considerada un conjunto de conceptos teóricos sin ninguna aplicación vivencial, un saber abstracto y especulativo manejado por una élite intelectual con los mismos problemas, angustias y dudas existenciales que la mayoría de la humanidad.

Por otro lado, la Iniciación generalmente es entendida como un rito, una ceremonia más o menos secreta a través de la cual un individuo pasa a formar parte de una cofradía u orden con usos y costumbres que dicen remontarse a tiempos pretéritos.

Sin embargo, el significado más profundo de estos términos enseñando en este recinto pansófico es absolutamente diferente a su acepción popular.

Siendo así, la Filosofía se debe entender como "amor a la sabiduría", un conocimiento profundo que puede ser aplicado perfectamente a nuestra vida cotidiana para que ésta sea más luminosa y seamos más conscientes. El Filósofo, como "enamorado de la verdad", sigue el ejemplo de los antiguos en su búsqueda de lo veraz, lo justo, lo bueno, lo bello, y rechazando sus contrarios: lo falso, lo injusto, lo malo, lo grotesco.

Por otro lado, en este lugar la Iniciación se debe comprender, no simplemente como un rito, práctica o ceremonia, sino como un "estado de conciencia" que se alcanza luego de una esforzada peregrinación por un camino de perfeccionamiento que se denomina tradicionalmente "Sendero Iniciático".

En el frontispicio de este gran santuario pansófico se puede apreciar una placa de granito donde está inscrita prolijamente una vieja máxima latina a modo de advertencia: *"Procul hinc, procul ite prophani"* (¡Lejos de aquí, alejaos profanos!). Esta frase es un aviso muy claro dirigido a los curiosos y a aquellos que no tienen el mérito suficiente para ingresar al Templo, que en la jerga filosófica reciben el nombre de "profanos". El camino de la sabiduría está abierto a todos y todos son invitados a hollarlo, aunque verdaderamente no todos están dispuestos a recorrerlo. Por esta razón, algunos instructores espirituales prefirieron dedicar sus inspiradas obras *"a los pocos"* (1), es decir a aquellas personas valientes que ante el llamado de su Maestro Interior, acuden a él y deciden remar contra la corriente.

Pero, ¿quiénes son realmente los profanos? En una primera aproximación y siguiendo la etimología de la palabra, podemos decir que son aquellos que prefieren quedarse "afuera del Templo" y que están sujetos a la apariencia puramente exterior de las cosas. Mientras que los profanos fundamentan sus vidas en la materia, en la ilusión y la ignorancia, alejados de cualquier pensamiento trascendente (lo cual es incentivado por nuestra actual sociedad de consumo), los iniciados y los discípulos –por su parte– viven en comunión permanente con lo trascendente, convirtiendo su profesión, actividad u oficio en un "sacrificio" (oficio sagrado). El lema de la Orden Templaria *"Non nobis, non nobis, Domine Sed nomini tuo da gloriam"* ("Nada para nosotros, Señor, nada para nosotros, sino para la gloria de tu nombre") evidencia esta ofrenda desinteresada a Dios, propia de aquellos hombres despiertos que han avanzado en el Sendero.

Los tres picapedreros

En una ocasión, un caminante se encontró un grupo de picapedreros, ocupados en la construcción de un edificio y quiso saber en qué obra estaban trabajando.

Preguntó al primer obrero y este le respondió: "¿No ves? Pico piedra".

No conforme con la respuesta, interrogó al segundo albañil y este dijo con sinceridad: "Me gano el pan".

Por último, decidió preguntar al tercer trabajador y este dijo con orgullo: "Construyo una catedral".

Como podemos apreciar en esta reveladora historia, el primer picapedrero no tenía idea de qué estaba haciendo pero lo hacía porque así se lo habían ordenado, aun sin saber cuál sería el resultado final de su trabajo. El segundo mantenía una postura egoísta y pensaba en su propio provecho: ganar dinero a través de su trabajo. El tercero era un obrero consciente de su labor, pues sabía que con su granito de arena estaba colaborando en la construcción de algo monumental. Esto es importante destacarlo: el obrero consciente sabe que transformando su vida puede transformar al mundo, pues con un aporte mínimo puede cambiarlo todo.

Nuestro Programa de estudios ha sido diseñado para que el estudiante obtenga los conocimientos necesarios a fin de despertar su conciencia y convertirse en obrero en la construcción de algo más grande. Por esta razón nuestro Programa ha sido llamado "Opus Philosophicae Initiationis", pues implica la consolidación de una "Gran Obra" (Opus) que no es otra cosa que la formación de mejores

seres humanos que encuentren el sentido de la vida y que colaboren en la construcción de una sociedad mejor.

No hay nada novedoso en lo que enseñamos. Nuestro intento se limita a presentar "vino viejo en botellas nuevas", tratando de hacerlo de la mejor manera y siendo fieles a las enseñanzas sagradas que los Maestros de Sabiduría transmitieron a la humanidad.

En palabras de Erich Fromm: *"La revolución de nuestros corazones no exige una sabiduría nueva, sino una seriedad y una dedicación nuevas".*

El umbral del Templo

Al traspasar el umbral del Templo de la Pansofía, un verdadero oasis en el desierto de una sociedad hostil a cualquier pensamiento elevado, estás ingresando verdaderamente a otra dimensión, dejando atrás las prisas y las ilusiones del mundo profano. En el vestíbulo de este recinto luminoso, se puede observar la majestuosidad de la construcción, y se nota que cada detalle arquitectónico no está colocado al azar sino que responde a patrones geométricos sagrados. Todas las decoraciones, estatuas y fuentes simbólicas tienen un propósito bien claro: enviar señales a tu conciencia para que despierte de su letargo.

Esta transmisión premeditada de conocimientos mediante símbolos y signos esotéricos, queda evidenciada ya en el umbral del Templo, donde podrás observar cuatro columnatas corintias que flanquean la entrada, dos a cada lado, y en cada una de ellas una inscripción latina, a saber: Scientia (Ciencia), Ars (Arte), Civilitas (Política) y Religio (Religión).

En su capitel, las columnas han sido decoradas con hojas de acanto, una característica usual en este orden arquitectónico clásico. Dichas hojas representan las dificultades y los obstáculos del Sendero Iniciático y son una alusión al triunfo de los discípulos, aun advirtiendo que éste solamente se concretará mediante el esfuerzo constante y la dedicación. Dicho de otro modo: el discípulo tiene el éxito asegurado, pero este éxito depende únicamente de su disciplina y constancia.

Las inscripciones de los cuatro pilares hacen referencia a la característica "omniabarcante" de la Sabiduría Antigua, pues su objeto de estudio no se limita a un conocimiento especulativo sino que es parte esencial de la vida misma y, por ende, ninguna disciplina, oficio, profesión o aspecto vinculado con el ser humano le es ajeno. De acuerdo con las enseñanzas clásicas, todo Templo dedicado al conocimiento trascendente del ser humano debe estar sostenido por estos pilares fundamentales: la Ciencia, el Arte, la Política y la Religión, destacando estos cuatro aspectos como los cimientos de la Filosofía Perenne. En algunas ocasiones, se remplaza la "Política" por la "Filosofía", aunque debemos suponer que esta sustitución es ocasionada por la incapacidad de encontrar en la política algo trascendente (lo cual es cierto si atendemos a la corrompida política contemporánea).

Por otro lado, la separación de la "Filosofía" como una disciplina separada e independiente también creemos que es una equivocación, ya que ninguna actividad humana puede estar divorciada de la Filosofía, pues todo quehacer humano puede y debe estar impregnado por ésta, entendiéndola en su acepción arcaica de "amor a la sabiduría" y no como un entretenimiento especulativo para distraer la mente.

Estas cuatro vías, que intentan ser un resumen de las múltiples vías del desarrollo humano, en ocasiones son representadas mediante una matriz piramidal, en la cual se identifican con las cuatro caras de la pirámide, las cuales se muestran bien separadas en la base, pero a medida que ascendemos hacia el vértice las mismas se van acercando hasta alcanzar la unión en la cúspide. De este modo queda explicado, con un ejemplo sencillo, que la Verdad suprema se puede alcanzar por diferentes senderos, cada uno de ellos adecuado a diferentes tipos de hombres.

La columna "Religio", esto es: re-ligión, implica volver a unir algo que primordialmente fue una misma cosa. Desde esta perspectiva, la Filosofía Perenne habla de un cosmos en miniatura o microcosmos (el ser humano) que es reflejo de un Macrocosmos (la divinidad) al cual estaba unido originalmente, estableciendo una serie de instrucciones, rituales y técnicas para re-integrar a ese ser finito con el Absoluto. En todos los casos, el principal objetivo de la Religión es descubrir nuestra verdadera naturaleza que los orientales resumen en la consigna: "Hazte lo que eres".

Desde una perspectiva iniciática, "Religión" significa REINTEGRAR.

La columna "Civilitas" no se refiere a la política inconsciente y corrupta a la que estamos tristemente acostumbrados, sino a una nueva política que debe surgir de la conciencia. Así como el ser humano posee una naturaleza y

propósito trascendente, del mismo modo la sociedad (que es una reunión de hombres) también debe ser considerada desde una óptica superior.

Los antiguos hacían alusión a una mítica sociedad primordial (Atlántida, Hiperbórea, etc.) donde cada oficio y profesión era parte de un complejo mosaico que daba forma a una civilización integrada y armónica. En nuestros días, mientras el ser humano es espectador de la paulatina desintegración social y corrupción moral del mundo contemporáneo en torno a una globalización avasalladora, las organizaciones políticas no tienen idea de cómo resolver los males del mundo sin renunciar a sus privilegios y al supuesto "progreso" que ha alcanzado la sociedad de consumo.

Es necesaria la irrupción en este mundo caótico de una nueva política que parta de la conciencia, que sea auténticamente "revolucionaria" (no reformista) y que erradique los intereses egoístas (económicos, nacionales, etc.), teniendo como objetivo final la reconstrucción de un modelo clásico de sociedad donde reinen la justicia, el orden y la paz entre los hombres.

Desde una perspectiva iniciática, "Política" significa RESTAURAR.

La columna "Scientia" se basa en el conocimiento científico de las leyes universales (no solamente físicas, sino también metafísicas) y tiene como punto de partida una nueva ciencia verdaderamente útil al desarrollo de la conciencia y absolutamente compatible con la vida espiritual. El físico Albert Einstein lo declaraba abiertamente: *"la ciencia sin religión está coja, y la religión sin ciencia, ciega"*.

Aunque nuestra ciencia contaminada de positivismo

sea hostil a cualquier intento de demostrar las leyes y principios espirituales, paulatinamente han ido apareciendo científicos pioneros que han reaccionado ante las posturas ateas de los últimos siglos, proponiendo atrevidas teorías que sirven de puente entre la ciencia y la espiritualidad. Siendo así, creemos que en el siglo XXI se avanzará en el redescubrimiento de los principios trascendentes que conocían los científicos de la antigüedad y que hoy son ignorados de plano por los científicos materialistas.

Desde una perspectiva iniciática, "Ciencia" significa REDESCUBRIR.

La columna "Ars" alude a un conocimiento superior a través de la belleza, la plasmación creativa de los arquetipos y de la naturaleza del Alma Espiritual, que se manifiesta en oposición al arte profano fundamentado en las bajas emociones y en el caos de la mente de deseos. El divino Platón manifestaba que la contemplación de lo bello nos pone en contacto con nuestra belleza interior, la cual está ligada a nuestra chispa divina, es decir nuestra naturaleza trascendente. Por esta razón el arte sacro (2) se fundamenta en la representación física de conceptos metafísicos vinculados a lo bueno, lo veraz, lo justo, instándonos a ser mejores y ayudándonos a despertar la conciencia.

Desde una perspectiva iniciática, "Arte" significa CONTEMPLAR ("mirar lejos" o "ver más allá").

El problema principal de la Ciencia, el Arte, la Religión y la Política en su presentación moderna radica en su profundo desconocimiento de la naturaleza humana. Mientras que el científico materialista pretende convencernos que somos una especie de máquina orgánica que se mueve por impulsos electroquímicos, el religioso suele perderse en teorías, argumentaciones incoherentes y discusiones teológicas estériles que nada aportan al desarrollo interno y al trabajo cotidiano en el "aquí y ahora". Por otro lado, mientras el artista ignore su rol de "pontífice de la belleza", es decir un "puente" entre la armonía universal y la conciencia humana, su arte seguirá siendo insignificante. Del mismo modo, el político que no tenga en mente la construcción de una sociedad nueva y arquetípica basada en los valores éticos atemporales y en las enseñanzas tradicionales en torno a la Justicia, se tendrá que contentar con seguir emparchando un sistema cada vez más insostenible.

De este modo, antes de entrar al Templo de la Pansofía, debes entender que se puede alcanzar la trascendencia a través múltiples vías, siempre y cuando podamos conectarnos conscientemente con la esencia de cada una de ellas, atendiendo a las concepciones tradicionales de la Ciencia, el Arte, la Religión y la Política, y no a las versiones deterioradas que conocemos y a las que —lamentablemente— nos hemos acostumbrado.

En cierta forma, la Ciencia, el Arte, la Religión y la Política son una síntesis de las muchas otras disciplinas que conciernen al ser humano y, entonces, desde una perspectiva tradicional cualquiera de ellas puede ser vehículo de conciencia, lo cual también puede aplicarse al más humilde de los oficios. Un mundo nuevo y mejor necesita de seres humanos nuevos y mejores en todos los ámbitos que practiquen —desde la conciencia— oficios y profesiones acordes a esa nueva sociedad.

Teniendo en cuenta estas ideas preliminares, que forman parte de las enseñanzas capitales de la Filosofía Perenne, puedes echar un último vistazo al vestíbulo de este

Templo sagrado y, cuando estés listo, ascender los nueve escalones que te separan de la sala preliminar.

Resumen del umbral

* La Verdad y la autorrealización individual se pueden alcanzar por diferentes caminos, cada uno de ellos adecuado a diferentes tipos de hombres.

* La Ciencia, el Arte, la Política y la Religión son un resumen de las múltiples vías del desarrollo humano.

* Debemos interpretar la Ciencia, el Arte, la Religión y la Política de acuerdo a las pautas tradicionales y con un objetivo común, dejando de lado las versiones deterioradas contemporáneas.

La Sala Preliminar

(Primera estancia)

"Si el grano de trigo no cae en tierra y muere, se queda solo. Pero si muere, produce mucho fruto" (Juan 12:24)

Al subir el último peldaño de la escalera del vestíbulo deberás tener en cuenta que estás a punto de dar el primer paso, tal vez el más importante, el primero de muchos en

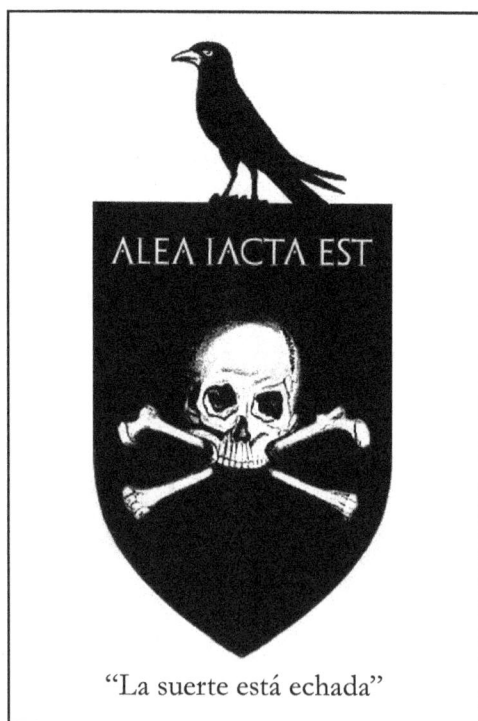

ALEA IACTA EST

"La suerte está echada"

esta senda fascinante de la Sabiduría Primordial, repleta de desafíos y aventuras. Al abrir la pesada puerta de goznes chirriantes, entrarás en una estancia oscura y húmeda, iluminada débilmente por un único candil, donde podrás observar una impactante losa grisácea con la inscripción grabada: *"Alea Iacta Est"* ("La suerte está echada"), una invitación a que reflexiones sobre el importante paso que te has atrevido a dar. En la placa también aparece dibujado un cuervo negro y una calavera, que ciertamente no desentonan con el ambiente lúgubre de este lugar. En él, todo nos recuerda que una parte de nosotros tiene que sacrificarse y morir para que en nuestro interior nazca algo mejor. Para que la planta nazca y crezca, debe morir la semilla.

Si has dado el primer paso motivado por simple curiosidad o morbo por conocimientos exóticos, tal vez sea mejor que vuelvas atrás, porque el camino iniciático no es para los tibios ni para aquellos que buscan incorporar elementos fantasiosos a una vida aburrida y sin desafíos. Esta senda de perfeccionamiento tampoco es un pasatiempo ni una moda, pues implica un cambio radical de tu vida, la aniquilación del viejo "yo" para que nazca un nuevo ser. Resumiendo: para avanzar debes estar seriamente dispuesto a cambiar tu existencia, tener pureza de intenciones y comprometerte seriamente contigo mismo.

El primer paso para comenzar a transitar el sendero de la Pansofía consiste en tomar conciencia de nuestra situación actual, de nuestro alejamiento de la esencia divina y de nuestra necesidad de encontrar un conocimiento filosófico vivencial que brinde respuestas a nuestras preguntas, suministrándonos herramientas poderosas para trabajar interiormente. Esto significa que —en esta primera instancia— debemos darnos cuenta que la sociedad desacralizada suele arrastrarnos a una situación insostenible, haciéndonos olvidar nuestra verdadera naturaleza, por lo cual se hace imperiosamente necesario encontrar un método de entrenamiento interior confiable que nos libere de esta ilusión y que revolucione nuestra conciencia.

Los hombres que llegan hasta este punto crucial del sendero y desean cambiar, generalmente adoptan una de estas tres posturas:

a) El valiente: Es aquel individuo que decide –sin vacilar– dar un cambio radical de su existencia, analizando y modificando sus comportamientos viciosos para poder transitar hacia la autorrealización.

Esta opción implica mucho sacrificio, dedicación y trabajo, pero con un método gradual y ordenado, inspirado en las enseñanzas primordiales, el éxito está asegurado.

b) El cobarde: Es aquel individuo que –aun sabiendo que debe cambiar– no mueve un dedo para salir de su triste situación. Los cobardes y timoratos que anhelan "cambiar sin cambiar", quieren obtener resultados diferentes haciendo lo mismo de siempre, y van pasando de organización en organización, de iglesia en iglesia, de secta en secta, sin practicar ni interiorizar ninguna de las enseñanzas que se les brinda.

Muchas veces, estas personas –convencidas de la validez del Sendero Iniciático pero sin fuerza de voluntad para caminarlo– bajan los brazos y se resignan a continuar viviendo de la misma manera que siempre, aunque adoptando una "postura espiritualista", llenando su casa de objetos "místicos", practicando algunos ejercicios aislados sin una metodología apropiada e incluso usando palabras exóticas, conformando de este modo una especie de "máscara espiritual" que –al carecer de una base sólida– se descascara con mucha facilidad. El cobarde tiene un gran problema: no tiene la constancia necesaria para pasar de la teoría a la práctica.

c) El indiferente: Es aquel individuo que sabe que debe modificar profundamente su vida pero que –ante las dificultades del sendero– prefiere optar por la comodidad burguesa que le ofrece la sociedad de consumo. Entre la aventura y el sofá, el indiferente elige el confort del sofá.

En ocasiones, estas personas acuden a conferencias, cursos y charlas sobre temas espirituales, pero cuando llega el momento de comprometerse, vuelven a sus casas, toman el control remoto de la tele y se olvidan del tema.

El indiferente no solamente no tiene constancia y la voluntad para pasar de la teoría a la práctica sino que se autoengaña creyendo que la sola lectura de libros esotéricos y espirituales lo puede ayudar mágicamente a avanzar en el sendero. De este modo, el indiferente puede saber muchísimo sobre filosofía esotérica y convertirse en un "erudito", pero su vida no tiene diferencias significativas con el hombre profano que lo ignora todo.

> *El futuro tiene muchos nombres:*
>
> *Para el débil es lo inalcanzable,*
>
> *Para el miedoso, lo desconocido.*
>
> *Para el valiente, la oportunidad.*
>
> (Víctor Hugo)

Digámoslo claramente: el cambio de vida que propone la Filosofía Perenne es "radical" (del latín "radix", "ir a la raíz") y por eso los Maestros siempre han insistido en que el camino no es para los tibios. "*Abandona tu vida si quieres vivir*", decían los antiguos tibetanos y eso es justamente lo que significa este primer paso: Morir.

Así pues, modificar desde la raíz nuestra existencia implica matar al "viejo hombre" ("palaios anthropos") para que nazca el "hombre nuevo" ("neos anthropos") en consonancia con el antiguo llamado bíblico: "*Despojaos del viejo hombre, que está viciado conforme a los deseos engañosos (...) y vestíos del nuevo hombre*". (Efesios 4:22-24)

Esta muerte mística está enmarcada en una "conversión" o "ruptura de nivel" (tal como la llama Mircea Eliade), un quiebre con la vida ordinaria y profana para ingresar en una nueva existencia regida por principios trascendentes y por una comunión íntima con la divinidad. Esta ruptura a veces es llamada "metanoia" ("meta", más allá y "noia" pensamiento) y alude a un salto cualitativo en nuestra forma de ser. La metanoia es un "hito" en nuestra vida, por eso debe ser radical, un punto de inflexión pues a partir de ese momento nuestra forma de observar e interpretar el mundo no seguirá siendo la de antes.

Esta ruptura necesariamente tiene también como consecuencia una modificación de nuestros hábitos y una transformación de nuestra conducta, lo cual significa que ante los mismos estímulos externos nuestra reacción deberá ser diferente. Obviamente, esta "metanoia" o ruptura es simplemente un primer paso ya que para poder actuar con total coherencia con estos ideales elevados deberemos realizar un arduo trabajo de purificación interna, como veremos más adelante.

"Metanoia" no significa reformar o hacer pequeños ajustes ni tampoco arrepentirnos (3), sino revolucionar nuestra existencia y volvernos más conscientes.

Este abandono de lo mundano no implica, necesariamente, aislarse de la sociedad sino adoptar una nueva perspectiva, lo cual se traduce en uno de los primeros desafíos del neófito: IMITAR A LAS SALAMANDRAS, esos seres elementales legendarios que lograban vivir en el fuego sin ser afectados por las llamas.

Es muy posible que los aspirantes sean arrastrados varias veces por sus viejas amistades a sus viejos vicios, pero si esto sigue ocurriendo durante muchos años en forma reiterada, sería bueno preguntarse seriamente si hay una disposición real a cambiar o si –por el contrario– se ha elegido inconscientemente la postura cómoda y sin compromisos del cobarde, aquel que carece de la constancia y voluntad necesarias para avanzar a paso firme por el gran sendero.

Resumen de la Sala Preliminar

* Un cambio auténtico y consciente implica sacrificio. Para que la planta nazca y crezca, debe morir la semilla.

* Para que nazca el "hombre nuevo" ("neos anthropos") debe morir el "hombre viejo" ("palaios anthropos").

* El cambio de vida que propone la Filosofía Perenne es "radical", una revolución de nuestra existencia y una ruptura con nuestro estilo de vida anterior.

* El Sendero Iniciático no implica aislamiento ni abandono de la sociedad. Por eso se pide al neófito que sea

"como las salamandras", es decir que viva en el fuego sin quemarse.

Empieza a vivir tus ideales

Epicteto

Ha llegado el momento de que te tomes en serio vivir tus ideales. Una vez que hayas determinado los principios espirituales que quieres seguir, acata esas reglas como si fueran leyes, como si en efecto fuera pecaminoso incumplirlas.

No debe importarte que los demás no compartan tus convicciones. ¿Cuánto más tiempo vas a ser capaz de postergar lo que realmente quieres ser? Tu yo más noble no puede seguir esperando.

Pon en práctica tus principios, ahora. Basta de excusas y dilaciones. ¡Esta es tu vida! Ya no eres un niño. Cuanto antes emprendas tu programa espiritual, más feliz serás. Cuanto más esperes, más vulnerable serás ante la mediocridad y te sentirás lleno de vergüenza y arrepentimiento, porque sabes que eres capaz de más.

A partir de ahora, promete que dejarás de defraudarte a ti mismo. Sepárate de la multitud. Decide ser extraordinario y haz lo que tengas que hacer. Ahora. (4)

Cuento: Los pocitos y el pozo

Hay muchas clases de promiscuidad y una de ellas es la espiritual. Era un discípulo que siempre estaba experimentando con unas y otras vías de liberación, con unas y otras técnicas de evolución espiritual. Así llevaba años: tanteando y tanteando. El maestro ya le había dicho:

- Necesitarías cien vidas para probar todas las vías, métodos y técnicas. Selecciona un poco más y profundiza.

Pero cedía a su tendencia promiscua de cambiar de sistema espiritual, de doctrina y de método. Quizá nadie conocía tantos métodos como él, pero su mente apenas se había modificado. Un día, él mismo se dio cuenta de que no había evolucionado prácticamente nada. Se lamentó ante el maestro:

- Estoy apenado. ¡Qué poco he avanzado!

Entonces el maestro sintió que por primera vez podría remover sus fosilizados parámetros mentales y le dijo:

- Amigo mío, has sido un necio. Ahora te lo puedo decir, porque parece ser que empiezas a entender por qué no comprendías. ¿Sabes cómo has procedido? Como la persona que quiere encontrar agua y comienza a hacer pocitos y más pocitos, pero de tan escasa profundidad que no puede encontrar agua. En cambio, si ese esfuerzo lo hubiera invertido en hacer un solo pozo, habría hallado mucha agua. A ver ahora si rectificas y haces un pozo que merezca la pena. (5)

La Sala del Sueño

(Segunda estancia)

"Nuestro grado ordinario de conciencia es algo comparable a un estado de sueño, y toda nuestra vida, toda nuestra carrera, profesión, todas nuestras acciones, pensamientos, etc., son como sueños. Vivimos en una especie de sueño del cual no es posible despertar. Y, es preciso que advirtamos nuevamente este punto, el despertar de este sueño está conectado a otro sentido del tiempo". (Maurice Nicoll)

VITAE SOMNO EST

"La vida es sueño"

Tras abandonar la sala preliminar, encontrarás un largo pasillo que te conducirá hasta una puerta de madera rústica. Al abrirla, aparecerá ante tus ojos la Sala del Sueño, iluminada tenuemente por nueve candiles distribuidos en tres candelabros de tres brazos. En el centro del cuarto se destaca un camastro que invita al descanso y junto a él, un gran espejo que muestra nuestra imagen deformada. En una de las paredes, una losa simbólica enmarca la máxima latina: *"Vitae Somno Est"* ("La vida es sueño").

¡La vida es sueño! Bajo la sugestiva placa donde está dibujado un gallo y una escalera de cinco peldaños, encontrarás un viejo pergamino donde se han reproducido los versos inmortales de Calderón de la Barca:

Yo sueño que estoy aquí,

destas prisiones cargado;

y soñé que en otro estado

más lisonjero me vi.

¿Qué es la vida? Un frenesí.

¿Qué es la vida? Una ilusión,

una sombra, una ficción,

y el mayor bien es pequeño;

que toda la vida es sueño,

y los sueños, sueños son.

La Filosofía Perenne recalca una y otra vez que los hombres están dormidos o —mejor dicho— que su conciencia está profundamente dormida y por eso no puede descubrir la realidad. El primer punto a tener en cuenta sobre esta "realidad" es conocer la forma que tenemos los seres humanos para conocerla e interpretarla.

El proceso de recepción de impresiones externas se llama "sensación", y consiste en detectar estímulos del medio ambiente para codificarlos en señales de tipo nervioso que llegan al cerebro, el cual actúa como puente entre el cuerpo físico y los vehículos sutiles.

La sensación procede de los órganos de nuestros cinco sentidos, los cuales detectan diferentes tipos de estímulos. La selección, organización e interpretación de esas sensaciones en base a la experiencia y los recuerdos previos se llama "percepción".

Sin embargo, los sentidos no son una fuente totalmente fiable de conocimiento, ya que éstos son limitados y no captan una enorme gama de colores, sabores y sonidos que sí pueden captar otros seres vivos. La serpiente cascabel –por ejemplo– puede "ver el calor" del infrarrojo en la oscuridad y también es conocida la capacidad de los perros para escuchar sonidos inaudibles para nuestros oídos.

¿Qué quiere decir esto? Que la percepción no es la realidad sino una conclusión a la que llegamos atendiendo a nuestros órganos sensoriales. De este modo, una mente "ingenua" puede llegar a creer que las sensaciones que recibe a través de sus órganos son la única realidad, lo cual es una ilusión y una falacia que los materialistas se empeñan en perpetuar. A esto se refiere la Sabiduría Arcaica cuando habla del "mundo de la ilusión".

En palabras de Plutarco: *"Nuestros sentidos, que ig-*

noran la Realidad, nos dicen falsamente que lo que parece ser, es". (6)

Como advertimos, la principal función de la mente es interpretar las sensaciones provenientes del medio circundante y convertirlas en percepciones, las cuales son combinadas y almacenadas en nuestra memoria. De este modo, la memoria nos ayuda a identificar objetos y circunstancias, las cuales teñidas por el deseo se convierten en "deseables" (atracción), "indeseables" (repulsión) o "neutras".

La confusión entre la realidad y la ilusión fue relatada por Platón hace miles de años en su importante obra "La República" donde nos presenta la alegoría de la caverna:

"Imagínate a unas personas que habitan una caverna subterránea. Están sentadas de espaldas a la entrada, atadas de pies y manos, de modo que sólo pueden mirar hacia la pared de la caverna. Detrás de ellas, hay un muro alto, y por detrás del muro caminan unos seres que se asemejan a las personas.

Levantan diversas figuras por encima del borde del muro. Detrás de estas figuras, arde una hoguera, por lo que se dibujan sombras flameantes contra la pared de la caverna. Lo único que pueden ver esos moradores de la caverna es, por tanto, ese «teatro de sombras».

Han estado sentados en la misma postura desde que nacieron, y creen por ello, que las sombras son lo único que existe.

Imagínate ahora que uno de los habitantes de la caverna empieza a preguntarse de dónde vienen todas esas sombras de la pared de la caverna y, al final, consigue soltarse. ¿Qué crees que sucede cuando se vuelve hacia las figuras que son sostenidas por detrás del muro?

Evidentemente, lo primero que ocurrirá es que la fuerte luz le cegará. También le cegarán las figuras nítidas, ya que, hasta ese momento, sólo había visto las sombras de las mismas. Si consiguiera atravesar el muro y el fuego, y salir a la naturaleza, fuera de la caverna, la luz le cegaría aún más. Pero después de haberse restregado los ojos, se habría dado cuenta de la belleza de todo. Por primera vez, vería colores y siluetas nítidas. Vería verdaderos animales y flores, de los que las figuras de la caverna sólo eran malas copias. Pero, también entonces se preguntaría a sí mismo de dónde vienen todos los animales y las flores.

Entonces vería el sol en el cielo, y comprendería que es el sol el que da vida a todas las flores y animales de la naturaleza, de la misma manera que podía ver las sombras en la caverna gracias a la hoguera.

Ahora, el feliz morador de la caverna podría haberse ido corriendo a la naturaleza, celebrando su libertad recién conquistada. Pero se acuerda de los que quedan abajo en la caverna. Por eso vuelve a bajar. De nuevo abajo, intenta convencer a los demás moradores de la caverna de que las imágenes de la pared son sólo copias centelleantes de las cosas reales. Pero nadie le cree. Señalan a la pared de la caverna diciendo que lo que allí ven es todo lo que hay." (7)

Esta historia (que tiene su equivalente cinematográfico en "Matrix") es afín a la afirmación de los Maestros de Sabiduría que aseguran que la mayoría de los seres humanos —aun creyendo que están despiertos— viven su vida en un estado de conciencia que se asemeja mucho al sueño. Pero, ¿qué es lo que está dormido? La conciencia. Y para despertar de ese letargo cavernícola es necesario –en primer lugar– ser conscientes de nuestra somnolencia. No obstante, el "despertar" de la conciencia suele tener varias etapas, que tienen su correspondencia en los diferentes grados o etapas del Sendero Iniciático.

En el peldaño más bajo podemos ubicar al vulgo profano, es decir aquellas personas que están dormidas y que no les interesa que las despierten de su sueño, descartando de plano cualquier pensamiento elevado que implique cierta trascendencia. Los individuos que integran el vulgo profano normalmente no son malas personas sino que viven en la ignorancia y la inconsciencia del sueño. Incluso pueden alcanzar cierto grado de felicidad al observar las sombras en las paredes de la caverna, pero esta felicidad es ilusoria, fruto de la ignorancia. Estas personas suelen mantenerse al margen de cualquier conocimiento espiritual porque su interés se centra en comer, entretenerse, reproducirse, trabajar y descansar. Y en nuestra sociedad moderna, consumir, consumir, consumir.

Cuando un ser humano no se contenta con la superficialidad reinante en el mundo y comienza a "buscar" respuestas a sus preguntas existenciales, se convierte en un "buscador". Aunque la mayoría de las veces no sabe exactamente qué es lo que busca, el buscador siente un llamado interno que lo impulsa a la acción y a emanciparse del vulgo profano. Estos individuos, aunque siguen siendo profanos, alcanzan a sentir una inquietud que, bien canalizada, los puede llevar directamente a una vida superior.

Cuando los buscadores encuentran "algo" que los satisface y que responde a algunas de sus interrogantes, dejan de buscar y se adhieren a un ideal que llena (al menos momentáneamente) su vacío. Muchas veces, estas personas pasan a formar parte de una organización, fraternidad o sociedad, convirtiéndose en "idealistas". Estos ideales no necesariamente son de naturaleza espiritual pero de todos modos implican un avance con respecto a la indiferencia de la mayoría. Algunos idealistas llegan a percibir que –si bien la actividad que desarrollan es altamente beneficiosa para ellos y para otras personas– tiene que existir "algo más" que aun no han encontrado y –tarde o temprano– vuelven a sentir una necesidad de seguir buscando para llenar esa necesidad interna. Como norma general, la mayor parte de actividades de los idealistas están volcadas "hacia afuera", pero cuando éstos descubren que el sendero a la verdadera felicidad es "hacia adentro" pasan a convertirse en verdaderos aspirantes o neófitos a través de una escuela, orden o simplemente en comunión con su Yo interno.

Los aspirantes son aquellas personas que se hallan al inicio del camino, en el pronaos del Templo, y que reciben las primeras impresiones sobre la senda espiritual. Aunque son conscientes de que el camino les traerá muchas satisfacciones, también saben que deberán renunciar a muchas cosas efímeras que le brindan una ilusoria satisfacción en su cotidianeidad mundana.

Cuando los aspirantes se deciden finalmente a dar el primer paso y avanzar con seguridad en el Sendero deben pasar un período de prueba llamado generalmente "probacionismo". Los probacionistas se hallan a medio camino entre el aspirantazgo y el discipulado. Están comprometidos con el Sendero y han iniciado tareas de purificación personal mediante una "ascesis" que ya los diferencia de los profanos.

La "ascesis" (en Oriente "sadhana") es un método progresivo de perfeccionamiento interno que consta de diversos ejercicios introspectivos, así como pruebas y desafíos personales que se deben superar antes de alcanzar la iluminación.

Aunque los probacionistas aún no son estrictamente "discípulos aceptados" o "iniciados", de todos modos deberán pasar ciertas pruebas "iniciáticas" (físicas, vitales, emocionales, mentales y espirituales) relacionadas simbólicamente con los cinco elementos a fin de prepararse para el camino discipular que se transitará más adelante.

Tras pasar las cinco simbólicas iniciaciones (Tierra-Agua-Aire-Fuego-Éter), que son cinco escalones de purificación interna y que aparecen de una u otra forma en todas las escuelas esotéricas, los probacionistas trascienden finalmente su condición y se convierten en "discípulos aceptados", encontrándose en condiciones óptimas para alcanzar las cinco iniciaciones mayores. Es importante diferenciar las iniciaciones menores (simbólicas y que están presentes en diversas órdenes y fraternidades tradicionales) de las Iniciaciones Mayores (internas, del Alma Espiritual). Las primeras corresponden al "arte real" (Misterios Menores) y las segundas al "arte sacerdotal" (Misterios Mayores), como estudiaremos en otros volúmenes de esta colección.

El camino iniciático culmina en el Adeptado, cuando el peregrino espiritual ha logrado despertar, alcanzando la Maestría, simbolizada en el Tarot con el arcano del Ermitaño, el anciano sabio que guía con su farol a los intrépidos caminantes que se aventuran a ascender las montañas.

Las religiones y los cultos exotéricos generalmente capacitan a sus miembros para el aspirantazgo y en contadas ocasiones para el probacionismo. Las escuelas filosóficas y sociedades espiritualistas, por su parte, intentan guiar al aspirante hacia el probacionismo, mientras que las Escuelas de Misterios Menores proponen un sistema de trabajo iniciático basado en la purificación interna a fin de guiar a los probacionistas hasta la puerta del discipulado. Por último, las Escuelas de Misterios Mayores se encargan de brindar a los discípulos las herramientas necesarias para alcanzar el Adeptado.

Resumen de la Sala del Sueño

* La sensación consiste en detectar estímulos del medio ambiente para codificarlos en señales que llegan al cerebro. La selección, organización e interpretación de esas sensaciones se llama percepción.

* Los sentidos tienen límites y no son una fuente fiable de conocimiento.

* El camino iniciático tiene varias etapas relacionadas con diferentes estados de conciencia que van desde el vulgo profano al Adeptado.

* La ascesis es un método progresivo de perfeccionamiento interno que consta de diversos ejercicios, pruebas y desafíos personales.

Las cosas que no te atañen

Epicteto

El progreso espiritual nos exige hacer hincapié en lo esencial y hacer caso omiso de todo lo demás, ya que sólo se trata de trivialidades que no merecen nuestra atención. Además, en verdad es bueno que nos consideren estúpidos e ingenuos en relación con los asuntos que no nos atañen. No te preocupes por la impresión que causes en los demás. Están deslumbrados y engañados por las apariencias. Sé fiel a tu objetivo. Sólo así reforzarás tu voluntad y darás coherencia a tu vida.

Abstente de intentar granjearte la aprobación y la admiración de los demás. Tu camino va más arriba. No anheles que te consideren sofisticado, único o sabio. De hecho, debes recelar cuando los demás te vean como alguien especial. Ponte en guardia contra la presunción y la vanidad.

Mantener la voluntad en armonía con la verdad y preocuparse de lo que escapa al propio control son acciones que se excluyen mutuamente. Cuando estés absorto en una, descuidarás la otra. (8)

Cuento: ¿Hasta cuándo dormido?

Era un pueblo de la India cerca de una ruta principal de comerciantes y viajeros. Acertaba a pasar mucha gente por la localidad. Pero el pueblo se había hecho célebre por un suceso insólito: había un hombre que llevaba ininterrumpidamente dormido más de un cuarto de siglo. Nadie conocía la razón. ¡Qué extraño suceso! La gente que pasaba por el pueblo siempre se detenía a contemplar al durmiente.

Pero, ¿a qué se debe este fenómeno? –se preguntaban los visitantes. En las cercanías de la localidad vivía un eremita. Era un hombre huraño, que pasaba el día en profunda contemplación y no quería ser molestado. Pero había adquirido fama de saber leer los pensamientos ajenos.

El alcalde mismo fue a visitarlo y le rogó que fuera a ver al durmiente por si lograba saber la causa de tan largo y profundo sueño. El eremita era muy noble y, a pesar de su aparente adustez, se prestó a tratar de colaborar en el esclarecimiento del hecho. Fue al pueblo y se sentó junto al durmiente. Se concentró profundamente y empezó a conducir su mente hacia las regiones clarividentes de la consciencia. Introdujo su energía mental en el cerebro del durmiente y se conectó con él. Minutos después, el eremita volvía a su estado ordinario de consciencia. Todo el pueblo se había reunido para escucharlo. Con voz pausada, explicó:

-Amigos. He llegado, sí, hasta la concavidad central del cerebro de este hombre que lleva más de un cuarto de siglo durmiendo. También he penetrado en el tabernáculo de su corazón. He buscado la causa. Y, para vuestra satisfacción, debo deciros que la he hallado. Este hombre sueña de continuo que está despierto y, por tanto, no se propone despertar. (9)

La Sala de Oriente y Occidente

(Tercera estancia)

"En el mundo abundan las distintas religiones, cada una dirigida a diferentes personas y épocas. La palabra "religión" deriva de un término latín cuyo significado raíz es "re-unir". De este modo, las diferentes religiones re-unen, de diversas formas, a sus seguidores con la fuente última de vida, como quiera que la llamemos: lo Absoluto, Dios, la Realidad divina, o nombres similares". (John Algeo)

AD DISSIPATA COLIGENDA

"Reunir lo disperso"

Al ingresar en la siguiente estancia del santuario pansófico encontrarás una nueva placa de piedra donde se halla inscrito el antiguo axioma *"Ad dissipata coligenda"*, esto es: "reunir lo disperso". Un águila bicéfala preside la escena, mientras que el dios romano Jano muestra sus dos rostros, dos aspectos de una misma realidad.

En las culturas primordiales, reunidas en torno a un centro sagrado, toda disciplina, todo oficio, toda actividad humana, se manifestaba como una imitación de las conductas divinas. Dicho de otro modo, en las sociedades míticas de tiempos pretéritos, todos los hombres desempeñaban roles sociales complementarios de acuerdo a sus aptitudes, sintiéndose parte de un todo integral armónico, el cual brindaba un sentido trascendente a sus vidas. El ser humano, al alejarse progresivamente de ese "centro primordial" fue olvidando su origen sagrado y se fue enterrando cada vez más en el materialismo, dispersándose y estableciendo barreras que lo fueron alejando de ese núcleo espiritual.

Mientras la humanidad protagonizaba este alejamiento –que en lenguaje judeocristiano suele denominarse "la caída"– un conjunto de hombres sabios trató de mantener viva la llama de la sabiduría tradicional, un conocimiento ancestral y profundo, una Filosofía Perenne y atemporal: una Pansofía.

Según la tradición esotérica, existe una Doctrina-Madre, una ciencia sagrada primordial, conocida también como Brahma Vidya, Gnosis, Filosofía Perenne o Teosofía, que remonta sus orígenes a estos tiempos inmemoriales en los que el hombre y la mujer estaban en comunión con los dioses. Esta ciencia tradicional iniciática, que se ha presentado de diferentes maneras a los seres humanos dependiendo del momento histórico y cultural, posee las claves necesarias para que el hombre despierte de su letargo, tome conciencia de su exilio y decida, de una vez por todas, regresar al punto de origen y "re-integrarse".

La Doctrina-Madre reconcilia todas las diferencias aparentes entre las diversas religiones y filosofías, encontrando "Unidad en la Diversidad". Siendo así, y entendiendo que existe una ciencia arcana y primordial, podemos comprender también que los grandes Maestros de la humanidad, desde Buddha a Cristo, pasando por Krishna, Mahoma, Quetzalcóatl, Zoroastro, Orfeo, Sánkara, Gurú Nanak, Baha'u'lláh o Lao-tsé, han sido los mensajeros de las enseñanzas tradicionales de la Sabiduría Antigua, adecuándolas a las diferentes culturas y períodos históricos.

Al enfrentarse a una doctrina espiritual tradicional, el estudiante debe considerar que la misma siempre posee dos aspectos que son inseparables y que aparecen como opuestos y a la vez complementarios. Estos dos aspectos reciben el nombre de "exotérico" y "esotérico".

Lo esotérico es interno, invisible y esencial, mientras que lo exotérico es externo, visible y superficial, por eso se dice que el verdadero filósofo sabe ver "más allá de lo evidente", traspasando la barrera ilusoria de la corteza. Si logramos educar y perfeccionar esta "visión profunda" de los símbolos, las ceremonias y las enseñanzas, estaremos bebiendo directamente de la fuente y comprenderemos la esencia y el cometido profundo de las mismas.

Lo esotérico le da validez y sentido a lo exterior y visible. Una ceremonia religiosa donde el oficiante y los feligreses desconocen el valor interno de la misma podrá ser estéticamente muy vistosa e incluso emocionante, pero en el fondo no dejará de ser una parodia intrascendente, un espectáculo hueco para hombres dormidos.

> *"Si quieres el hueso, debes romper la corteza"* (Eckhart)

Mientras que lo exotérico puede cambiar dependiendo del lugar y del momento, lo esotérico permanece inmutable. Mientras que la enseñanza primordial de la Filosofía Perenne es muy antigua y se mantiene sin cambios, la presentación de la misma se adapta de variadas formas a las diversas culturas y períodos de tiempo. Por esta razón, aunque los símbolos tengan muchísimas formas de presentación, el contenido tiene el mismo sustento y siempre nos lleva a la unidad.

Federico González alega que "mientras lo exotérico nos muestra lo múltiple y cambiante, lo esotérico nos lleva hacia lo único e inmutable" (10), mientras que Fritjof Schuon señala que *"el esoterismo no ve las cosas tal y como aparecen según una cierta perspectiva, sino tal y como son: él da cuenta de lo que es esencial y por tanto invariable bajo el velo de las diversas formulaciones religiosas, a la vez que toma necesariamente su punto de partida en una determinada formulación"*. (11)

Entonces, debemos considerar al esoterismo como la "piedra de toque" que reconcilia a los opuestos supuestamente incompatibles, al igual que la vara que regaló Apolo al dios Mercurio (el caduceo), que tenía el maravilloso poder de poner fin a todas las disputas.

En nuestros días podemos acceder con cierta facilidad

a miles de documentos "esotéricos" y "seudo-esotéricos", sin embargo –aun en la sobredosis informativa moderna– la Sabiduría Arcaica permanece oculta a aquellos que no saben ver más allá de lo evidente y que no son dignos de hollar el Sendero, ya que un estilo de vida incompatible con el Sendero Iniciático les imposibilita cualquier avance.

En el pasado, y desde una perspectiva eurocentrista, el mundo se solía dividir en dos mitades: Oriente y Occidente. Mientras que los romanos saludaban al sol con la clásica expresión *"Ex Oriente Lux"*, iniciando la tradición por la cual "la luz viene de Oriente", los cristianos primitivos interpretaron esta misma idea focalizándose en el origen oriental de Cristo, orientándose hacia Jerusalén para rezar. (12)

Este es el origen conceptual de dos vertientes del esoterismo: uno occidental y otro oriental, representados por el Cristo (el "ungido"), que representa el arquetipo espiritual de Occidente y por el Buddha (el "iluminado"), que simboliza el arquetipo espiritual oriental. Ambos maestros son la aspiración máxima, el modelo a seguir y –desde una perspectiva interna– representan lo mismo.

El mismo concepto es transmitido a través del simbolismo, donde se establece una correspondencia de la rosa y el loto con el sendero crístico y búddhico respectivamente:

El loto oriental es una planta que hunde sus raíces en el fango, en la oscuridad del estanque, pero que se abre paso y se desarrolla hacia la luz, ascendiendo a la superficie del agua y abriendo sus hermosos pétalos al sol.

Este proceso representa el sendero espiritual, es decir la pureza que surge de entre la inmundicia, desde la materia más grosera a la luz más excelsa.

Del mismo modo, el hombre con una existencia material y corruptible, puede imitar al loto y elevarse hacia la trascendencia. En las antiguas escrituras de la India se expresaba esta idea con la petición: *"De la oscuridad, conducidme a la luz. De la muerte, llevadme a la inmortalidad"*. (13)

La rosa occidental también se presenta como una alegoría del camino espiritual, con un tallo largo cubierto de espinas (símbolo de las dificultades del sendero) hasta lograr una magnífica flor roja que abre sus pétalos a la luz. Tanto las espinas como el color rojo aluden al sacrificio y la sangre, relacionados con el Cristo.

Los aspirantes y discípulos que siguen las sendas de Cristo o de Buddha son conscientes de que la única forma de alcanzar la trascendencia es "sintonizándose" con el arquetipo divino, haciéndose uno con él, esto es: haciendo nacer al Maestro en su propio corazón. Esta sintonía se logra a través del trabajo interior, construyendo un puente simbólico con dos vías complementarias de conexión: la Meditación y la Oración.

Mientras que, a través de la Meditación nosotros callamos y Dios nos habla, en la Oración, por el contrario, Dios calla y nosotros hablamos.

Ciertamente, utilizando estas vías podemos entrar en comunicación directa con nuestro Maestro, y las dos son efectivas si se realizan de forma consciente y en silencio. En este sentido vale la pena aclarar que "orar" no significa "pedir" y que "meditar" no significa "evadirnos de la realidad".

Estas dos vías (la oración y la meditación) son medulares en todas las tradiciones espirituales y se complementan con una tercera: el estudio de los textos sagrados. En este sentido, tenemos que:

Dios nos habla mediante la MEDITACIÓN

Dios nos escucha mediante la ORACIÓN

Dios nos escribe mediante sus TEXTOS SAGRADOS

"Si Jesús naciera mil veces en Belén, pero no nace en tu corazón, de nada te serviría" (Angelus Silesius)

Resumen de la Sala de Oriente y Occidente

* Existe una Doctrina-Madre que reconcilia todas las diferencias aparentes entre las diversas religiones y filosofías, transmitida de generación en generación por maestros e instructores.

* Toda doctrina espiritual tradicional posee dos aspectos que son inseparables y que aparecen como opuestos y a la vez complementarios: lo "exotérico" y lo "esotérico".

* Lo esotérico es interno, invisible y esencial, mientras que lo exotérico es externo, visible y superficial. Lo esotérico le da validez y sentido a lo exterior y visible.

* La comunicación con nuestro Maestro Interior se logra a través de dos vías complementarias: la meditación y la oración.

Cuento: El espejo de la diosa

Se cuenta que la diosa Venus tenía un espejo donde se miraba y estudiaba todas sus actitudes, pero un día se le cayó de las manos y se rompió en muchos pedazos. Al ruido que el espejo produjo en su caída acudieron las ninfas de la diosa, tomando, cada una de ellas, un pedazo del espejo roto.

Al cabo de un tiempo, las hermanas sirvientas de Venus se dispersaron por el mundo, y cada cual se vanagloriaba de poseer el espejo de la diosa.

Pero un sabio que había recorrido varias comarcas, quedóse maravillado ante la posibilidad de que tuviera tantos espejos como ninfas la diosa Venus. Y para saber la verdad interrogó a una de ellas:

- Dime, ninfa encantadora, ¿es verdad que posees el espejo de la diosa Venus?

- Sí – contestó la doncella.

- ¿Y cuántos espejos tenía tu señora? – objetó de nuevo el sabio altamente sorprendido.

- Uno solo.

- Y, ¿cómo se explica que sean muchas las ninfas que se vanaglorien de tener el espejo de la diosa Venus?

- No. El espejo de nuestra señora se hizo añicos un día al caer al suelo, y nosotras, afanosas de poseer algo de ella, tomamos cada cual un pedazo del espejo roto – replicó la hermosa joven.

- Así, pues, ¿lo que vosotras poseéis es un trozo del espejo roto y no un espejo cada una? ¿no es así?

- Así es – respondió la ninfa algo sonrojada. Y entonces, el sabio comprendió la elevada enseñanza que encerraba la leyenda, puesto que le hizo ver la clara verdad de las cosas. (14)

La Sala del Autoconocimiento

(Cuarta estancia)

"Para ser libre, uno debe conocerse a sí mismo. El conocimiento propio es el principio de la sabiduría; y sin conocimiento propio no puede haber sabiduría. Puede haber conocimiento, sensación; pero la sensación es tediosa y pesada, mientras que la sabiduría, que es eterna, nunca decae ni puede tener fin". (Jiddu Krishnamurti)

NOSCETE IPSUM

"Conócete a ti mismo"

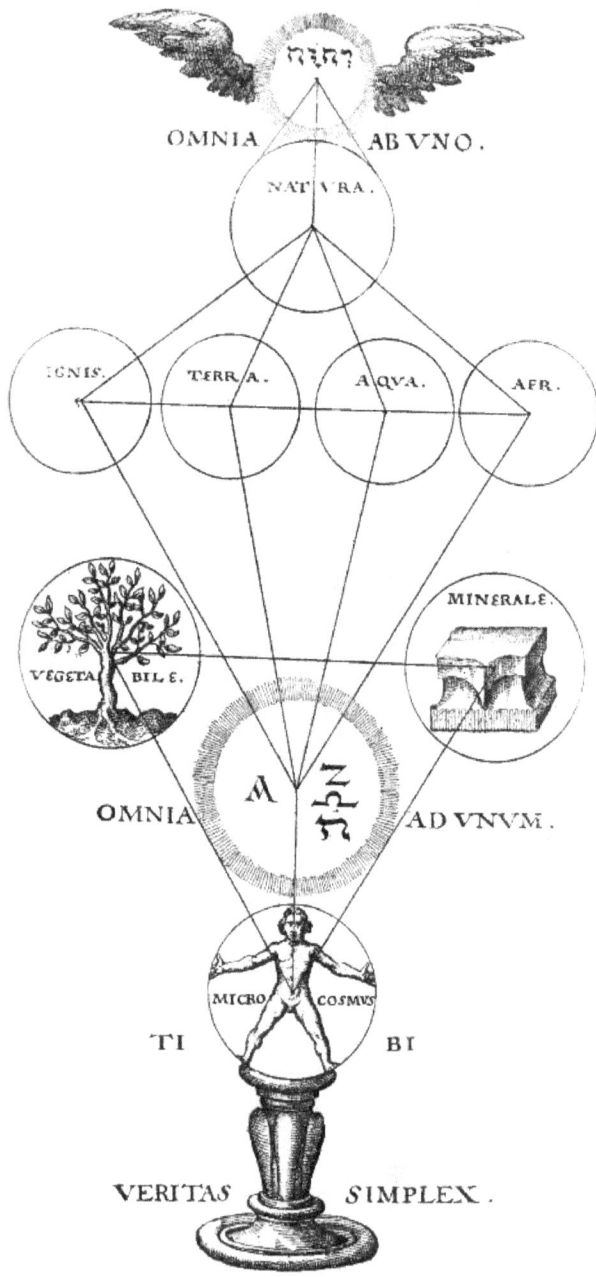

OMNIA AB VNO.

NATVRA.

IGNIS. TERRA. AQVA. AER.

VEGETABILE. MINERALE.

OMNIA AD VNVM.

MICRO COSMVS

TI BI

VERITAS SIMPLEX.

Para ingresar en la siguiente estancia, tendrás que abrir una puerta de bronce donde se halla grabada la frase *"Noscete Ipsum"*, la misma que podía leerse en el frontispicio del Templo de Apolo, en Delfos: *"Hombre: conócete a ti mismo y conocerás al Universo y a los Dioses"*.

Dentro de este recinto, encontrarás un enorme espejo que te muestra tal como eres, sin los condicionamientos de los sentidos. A un lado hallarás una nueva losa grabada donde volverá a aparecer la frase *"Noscete Ipsum"*, acompañada del diseño de un hombre con los brazos abiertos y un cisne de color blanco. En una de las paredes podrás apreciar un misterioso esquema esotérico titulado "el árbol de la Pansofía", el cual apareció por primera vez en un antiguo tratado alquímico-rosacruz del siglo XVII.

La tradición hermética enseña que el ser humano es un microcosmos hecho a imagen y semejanza del Macrocosmos, y esta correspondencia es el punto de partida de la Filosofía Perenne en su estudio integral de la constitución del ser humano.

Para los materialistas, es decir aquellos que niegan cualquier tipo de trascendencia o naturaleza espiritual, el hombre no es otra cosa que "carne y huesos", el cual –por medio de complicados procesos electroquímicos– piensa, siente y se mueve. Esta visión del hombre como una máquina física, producto de una serie de "casualidades" es propia de la ciencia profana, hija del iluminismo. Desde esta óptica, nada es sagrado y cualquier fenómeno trascendente es considerado producto de la imaginación o una simple mentira.

Los espiritualistas, en cambio, consideran al hombre como "algo más" que carne y huesos, y –con esta idea en mente– han intentado ir más allá de lo evidente y entender la constitución esencial del ser humano, identificando los procesos y los mecanismos internos que hacen posible su existencia.

La postura más elemental (si exceptuamos las posiciones materialistas extremas) establece una diferencia entre un "cuerpo" (corruptible) y un "Alma Espiritual" (inmortal) la cual, tras la muerte, pasa a otro plano de existencia más sutil. Esta visión –al establecer una dicotomía entre dos partes– recibe el nombre de "dicotomita".

Una visión similar, enseñada en los evangelios, considera una naturaleza humana triple, o sea: Cuerpo, Mente y Alma espiritual, o mejor: Cuerpo, Alma animal y Alma espiritual (Espíritu). Esta postura recibe el nombre de "tricotomita".

Las doctrinas orientales se refieren en ocasiones a una constitución quinaria (ejemplo: los "koshas" de la tradición inda como "envolturas" de la chispa divina) y en otras a una constitución septenaria.

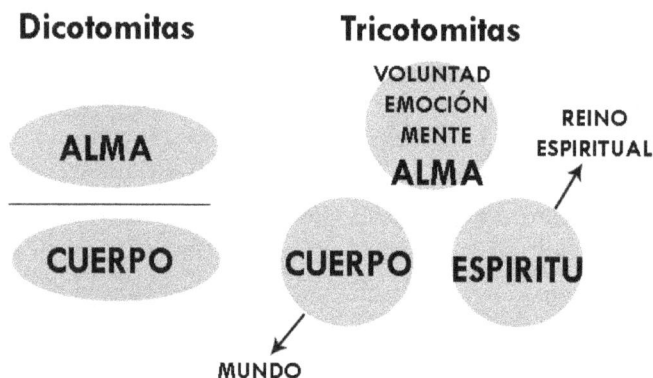

Dicotomitas   **Tricotomitas**

VOLUNTAD
EMOCIÓN
MENTE   REINO
ALMA   ESPIRITUAL

ALMA

CUERPO

CUERPO   ESPIRITU

MUNDO

68

Esta división de "siete vehículos" aparece en varias corrientes esotéricas tradicionales y fundamenta este número en la matriz armónica de la Naturaleza que suele concebirse en forma septenaria (ejemplo: las siete notas musicales, los siete colores del arco iris, etc.). De esta manera, el ser humano como parte integrante de la Naturaleza e interpretado, en sí mismo, como una unidad armónica se puede ver, entonces, como una realidad séptuple.

De todos modos, aún los principales divulgadores del sistema septenario aceptan también que el sistema septenario deriva del trinitario, es decir que la adopción de uno u otro depende de enfoques particulares, pues –en su esencia– el ser humano no es trinitario ni septenario sino un "individuo", que etimológicamente deriva de "indiviso", es decir una unidad indivisible que utiliza diferentes vehículos para actuar en los diversos planos.

Siendo así, debemos aclarar que la adopción de un sistema septenario responde más que nada a motivos pedagógicos. Incluso, a lo largo de todos nuestros escritos, en más de una ocasión sintetizaremos este esquema en cinco partes, en especial al referirnos al sistema iniciático tradicional enmarcado en los cinco elementos (tierra-agua-aire-fuego-éter) que se corresponden al cuerpo físico, el cuerpo vital, el cuerpo emocional, la mente de deseos y el Alma Espiritual.

Atendiendo al clásico esquema septenario, sabemos que las siete "partes" que lo constituyen son:

1) Cuerpo étero-físico, con una parte física (sólidos, líquidos, gaseosos) y una parte etérica (con cuatro éteres que regulan algunas funciones internas e involuntarias del cuerpo humano).

2) Cuerpo pránico o vital, que es la contraparte del cuerpo étero-físico y donde reside la vitalidad del mismo. Sobre este cuerpo actúan la mayoría de los medicamentos alopáticos y homeopáticos, siendo también el campo de acción de otras disciplinas terapéuticas tradicionales (acupuntura, reiki, digitopuntura, etc.). A través del vehículo vital, el cuerpo físico puede vivir.

3) Cuerpo emocional o astral, que es el vehículo donde se manifiestan las pasiones, las emociones y los sentimientos. Con técnicas avanzadas, los practicantes pueden separar el cuerpo astral del físico mediante un "desdoblamiento" o "viaje astral".

4) Cuerpo mental inferior, que tiene como función principal interpretar las sensaciones provenientes del medio circundante y convertirlas en percepciones, las cuales son combinadas y almacenadas en nuestra memoria. De este modo, la memoria nos ayuda a identificar objetos y circunstancias, las cuales teñidas por el deseo se convierten en "deseables" (atracción), "indeseables" (repulsión) o "neutras".

El "cuaternario" (mortal) tiene un complemento trascendente, también llamado "Yo superior" o "Tríada" (en ocasiones denominado simplemente "Alma Espiritual"), de naturaleza inmortal y constituida por:

5) Manas (Mente superior), el canal orgánico para el pensamiento abstracto y donde se almacenan los frutos de la experiencia humana a través de múltiples encarnaciones.

6) Buddhi (Cuerpo intuicional), la inteligencia más allá del intelecto y la comprensión a través de la intuición.

7) Atma (Voluntad pura), que es la parte más elevada de

nuestro Ser y de la misma naturaleza del Absoluto, por eso también suele denominarse "Dios en nosotros".

Nombre	Sánscrito	Tradicional	Elemento	División
Étero-físico	Sthula Sharira	Soma (Cuerpo)	Tierra	Cuaternario inferior
Vital o pránico	Prana Sharira		Agua	
Emocional o astral	Linga Sharira	Psyché (Alma animal)	Aire	
Mente de deseos	Kama Manas		Fuego	
Mente pura	Manas	Pneuma (Alma espiritual)	Éter (Quintaesencia)	Tríada superior
Intuicional o búddhico	Buddhi			
Voluntad o mónada	Atma			

De acuerdo a este esquema, existe una anatomía visible y evidente, al igual que otra invisible e imperceptible. En este "hombre invisible" existen una serie de órganos y centros sutiles de naturaleza energética donde pueden encontrarse las principales causas de nuestras enfermedades físicas y psíquicas, así como de otros fenómenos que se manifiestan en el organismo físico.

Los siete centros más importantes de la anatomía sutil del ser humano están dispuestos a lo largo de la columna vertebral y reciben el nombre de "chakras" (ruedas), a saber:

Sánscrito	Significado	Nombre	Ubicación
Muladhara	Fundación	Raíz	Genito-urinario
Swadisthana	Lugar donde mora el Ser	Genital	Raíz de genitales
Manipura	Ciudad de las gemas	Del plexo	Plexo solar
Anahata	El no golpeado	Cardíaco	Corazón
Vishudda	Puro	Laríngeo	Garganta
Ajna	Autoridad, mando	Entrecejo	Entrecejo
Sahasrara	Mil pétalos	Coronario	Coronilla

Los chakras son puntos de conexión o de enlace por los cuales fluye la energía de uno a otro vehículo del hombre. Estos centros sutiles pueden armonizarse, alinearse y activarse a través de diversas técnicas que van desde la meditación a la acupuntura.

Un chakra puede estar:

a) Bloqueado: Cuando gira muy lentamente, está detenido o lo hace en sentido contrario.

b) Acelerado: Cuando gira muy rápidamente.

c) Equilibrado: Cuando gira a la velocidad vibratoria correcta.

En otros volúmenes de esta colección estudiaremos con detenimiento estos cuerpos invisibles donde se sitúan los chakras y los canales sutiles (nadis) por donde fluye la energía vital (prana) así como la energía serpentina conocida como "kundalini".

Resumen de la Sala del Autoconocimiento

* La tradición esotérica enseña que el ser humano es un microcosmos hecho a imagen y semejanza del Macrocosmos.

* La constitución septenaria del ser humano está en consonancia con las enseñanzas esotéricas tradicionales y habla de un "cuaternario inferior" compuesto de: cuerpo físico, cuerpo vital, cuerpo emocional y mente de deseos, y una "tríada superior" compuesta por la mente superior (Manas), el cuerpo intuicional (Buddhi) y la voluntad pura (Atma).

* En nuestros cuerpos invisibles existen una serie de órganos y centros sutiles de naturaleza energética conocidos como "chakras".

El ejemplo del carruaje

La tradición oriental compara la constitución del hombre con un carruaje. En esta analogía, el cuerpo étero-físico es el carro y los caballos son los cinco sentidos. Cuando el conductor es Buddhi (la intuición o la verdadera inteligencia) el coche estará bien dirigido, usando la rienda de Manas (la mente superior), que logra controlar a los corceles usando el látigo de la voluntad. En el carro viaja cómodamente Atma, la divinidad que reside en nosotros. Con Buddhi como auriga el coche logrará ir por el camino preciso, avanzando sin contratiempos por la senda del Dharma.

Lamentablemente, la mayoría de las veces dos conductores imprudentes (el cuerpo emocional y la mente inferior, Kama-Manas) logran tomar el control del carro, maniatando a Buddhi y manejando bruscamente por caminos poco seguros. El efectivo látigo de la voluntad es dejado de lado y sustituido por el látigo del deseo. Y así, azotados por el insaciable deseo, los caballos fácilmente se desbocan y se corre el riesgo de protagonizar un lamentable accidente.

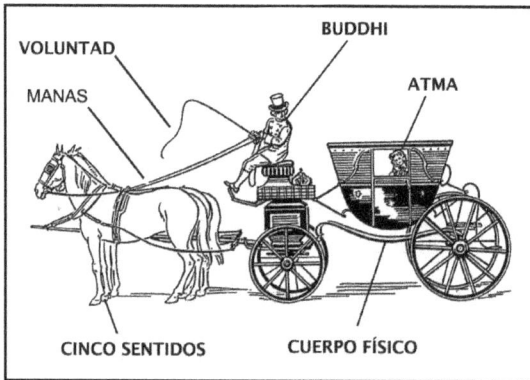

74

Cuento: ¿Quién eres?

Una mujer estaba agonizando. De pronto, tuvo la sensación de que era llevada al cielo y presentada ante el Tribunal.

«¿Quién eres?», dijo una Voz.

«Soy la mujer del alcalde», respondió ella.

«Te he preguntado quién eres, no con quién estás casada».

"Soy la madre de cuatro hijos».

«Te he preguntado quién eres, no cuántos hijos tienes».

«Soy una maestra de escuela».

«Te he preguntado quién eres, no cuál es tu profesión».

Y así sucesivamente. Respondiera lo que respondiera, no parecía poder dar una respuesta satisfactoria a la pregunta «¿Quién eres?».

«Soy una cristiana».

«Te he preguntado quién eres, no cuál es tu religión».

«Soy una persona que iba todos los días a la iglesia y ayudaba a los pobres y necesitados».

«Te he preguntado quién eres, no lo que hacías».

Evidentemente, no consiguió pasar el examen, porque fue enviada de nuevo a la tierra.

Cuando se recuperó de su enfermedad, tomó la determinación de averiguar quién era. Y todo fue diferente.

Tu obligación es ser. No ser un personaje ni ser un don nadie –porque ahí hay mucho de codicia y ambición–, ni ser esto o lo de más allá –porque eso condiciona mucho–, sino simplemente ser. (15)

La Sala de los Cuatro Elementos

(Quinta estancia)

"Aquella teoría que no encuentre aplicación práctica en la vida, es una acrobacia del pensamiento".

(Swami Vivekananda)

PEDES IN TERRA
AD SIDERA VISUS

I N R I

"Los pies en la tierra,
la mirada en el cielo"

Tras atravesar un jardín interior decorado con bellos arbustos, flores fragantes y fuentes decoradas con motivos mito-herméticos, deberás subir una antigua escalera de mármol de cuatro escalones donde están grabados los símbolos alquímicos de los cuatro elementos, la cual te conducirá a una puerta de roble donde se ha tallado una estrella de seis puntas. Al empujar la pesada puerta, podrás abrirte paso a una habitación pequeña donde encontrarás la siguiente losa alegórica. La misma tiene grabada la siguiente inscripción: *"Pedes in terra ad sidera visus"*, que quiere decir "Los pies en la tierra, la mirada en el cielo". Enseguida comprenderás la necesidad imperiosa de tener en cuenta esta máxima para poder avanzar en el Sendero.

Lamentablemente, muchos espiritualistas, seguidores de corrientes "new age" o "contactistas" prefieren vivir en un mundo de fantasía, empeñándose en seguir un camino que no lleva a ninguna parte, antes que adoptar y llevar a la práctica una estilo de vida que revolucione la conciencia, basado en las enseñanzas atemporales de los grandes Maestros y no en las elucubraciones fantásticas de los autores de moda. Estas doctrinas "light", surgidas principalmente en el siglo pasado, muchas veces no pasan de ser una simple droga, muy útil para evadirnos de una existencia insatisfactoria, pero totalmente ineficaz para alcanzar la trascendencia.

Ciertamente, "no todo lo que reluce es oro" y no todos los expositores que hablan acerca de los Maestros, de realidades trascendentes y de un camino espiritual están hablando el mismo lenguaje de la Tradición Primordial. Muchas de estas enseñanzas y "nuevas revelaciones" suelen ser una desviación del tronco original, un camino facilista e ilusorio que promete grandes poderes y revelaciones casi sin esfuerzo.

Lo mismo puede decirse de los libros. Un buen discípulo seleccionará cuidadosamente sus lecturas, prefiriendo los clásicos y las obras monumentales de la tradición sagrada, tanto de Oriente como de Occidente, y descartando las obras baratas de corrientes esotéricas de moda. Teniendo esto en mente, volvamos a la inscripción de la losa: *"Pedes in terra ad sidera visus"*. Este axioma nos anima a trabajar aquí y ahora, en el presente que nos ha tocado vivir y con los elementos que tenemos a mano, dejando de lado las frustraciones del pasado y las fantasías del futuro. Y, justamente, lo que tenemos más a mano y con lo que debemos empezar es por nosotros mismos. Trabajar internamente y purificarnos a fin de despertar la conciencia.

Como dijimos antes, los cuatro cuerpos de la personalidad constituyen el "cuaternario inferior" y entonces, desde una perspectiva iniciática, la primera labor debe centrarse en la purificación sobre estos vehículos. Simbólicamente, éstos suelen relacionarse con los cuatro elementos de la antigüedad y con las etapas de la alquimia, a saber:

Físico	Tierra	Nigredo	Negro	Cuervo	Caverna
Vital	Agua	Albedo	Blanco	Cisne	Lago
Emocional	Aire	Citrinitas	Amarillo	Águila	Montaña
Mental inferior	Fuego	Rubedo	Rojo	Pelícano	Volcán

A esta labor de ordenar y "purificar" estos cuatro vehículos se le llama "alineación" y consiste en convertir a cada vehículo de la personalidad en un instrumento eficaz a las órdenes del Yo Superior.

De este modo, "alineando" correctamente los cuatro

vehículos podremos avanzar directamente hasta la puerta de la Iniciación que nos conducirá a la reintegración. A modo de comparación, podemos imaginar a los vehículos del cuaternario como cuatro cristales sucios que están superpuestos y alineados uno sobre otro. Nuestra tarea consiste en limpiarlos uno a uno, disciplinadamente, hasta que los rayos del sol (es decir "la luz del Alma") puedan traspasarlos y lleguen hasta nosotros brindándonos su luz y calor.

Existen personas que trabajan con verdadera eficacia su vehículo físico: hacen ejercicio, se alimentan de forma balanceada, controlan el stress, respiran correctamente, etc. Sin embargo, el dominio de este cuerpo denso no las hace mejores personas porque su trabajo suele ser superficial y no integral, del mismo modo que un hombre que ha desarrollado gran musculatura en un solo brazo pero que mantiene sus otras extremidades fofas y sin entrenamiento.

Haciendo corresponder a los cuatro vehículos de nuestro "cuaternario" con los cuatro elementos, podemos considerar pedagógicamente a la Tríada superior como un conjunto (el Alma Espiritual) constituyendo de esta manera el "quinto elemento" o "quintaesencia", el paso final en el Sendero Iniciático.

Desde un punto de vista interno, cada peldaño corresponde a un diferente estado de conciencia. Esto significa que con cada paso que damos en el sendero interior nos volvemos más y más conscientes. ¿Pero conscientes de qué? En primer lugar, debemos advertir que la conciencia implica comprensión, esto es una comprensión íntima de quiénes somos, adónde vamos, cuál es nuestra naturaleza y cuál es nuestra misión en esta vida. Siendo así, un individuo consciente está "despierto" pues comprende la realidad de su naturaleza divina, su unión con los demás seres y su propósito en la vida. En síntesis: el ser humano consciente se conoce a sí mismo.

En el lado opuesto tenemos al hombre dormido, que vive una existencia superficial, sin saber de dónde viene y a dónde va, cacareando acerca de una libertad y una felicidad que nunca entenderá plenamente. Entre el sueño extremo y la vigilia absoluta existen muchos estados de conciencia que citamos anteriormente al referirnos a los grados del Sendero Iniciático.

"Pedes in terra ad sidera visus" implica trabajar en el "aquí y ahora" con eficiencia, recordando la frase que la maestra Helena Petrovna Blavatsky repetía una y otra vez a sus discípulos: *"Honrad las verdades con la práctica"*.

Esta valiosa advertencia está presente en todas las enseñanzas filosófico-iniciáticas que siempre anteponen la práctica a la teoría. Hay muchísimos estudiantes curiosos que se dedican a leer diversos textos de filosofía esotérica, llegando a conocer de memoria todas las diferentes doctrinas de Oriente y Occidente, pero lamentablemente muy pocos están dispuestos a actuar según lo aprendido y pasar de la teoría a la práctica.

En verdad, es absolutamente cierto que –si bien la lectura puede "abrirnos los ojos" y ayudarnos a descubrir el camino espiritual– es imposible alcanzar la iluminación o iniciarse asimilando información. Por esta razón, es indispensable actuar según lo aprendido a través de la acción, el autoconocimiento y el servicio.

Los viejos alquimistas decían: *"Ora, Lege, Lege, Lege, Relege, Labora et Invenies"* ("Ora, Lee, Lee, Lee, Relee, Trabaja y Encuentra"), haciendo hincapié en una frase que encontraremos en otra Sala: *"Ora et labora"*. La invitación a "leer, leer, leer y releer" no quiere decir que nos convirtamos en ratones de biblioteca sino que descubramos el sentido oculto de las palabras, la verdadera intención del autor y su implicancia práctica.

Lo repetimos una vez más: los libros son un medio, no un fin, y el esoterismo "intelectual" no lleva a ninguna parte, y simplemente sirve para atiborrar nuestra mente con datos e información. Tomás de Kempis decía: *"Quien mucho sabe y lee, si no obra según lo aprendido y sabido, es como si, convidado a una mesa exquisita y abundante, se levante de ella vacío y famélico"*.

Los extremos son malos y, en este sentido, aquellos que intentan "practicar, practicar, practicar" cualquier tipo de ejercicios sin tener en cuenta que la "ascesis" debe ser metódica, gradual y sobre todo debe ser coherente, tampoco llegan a ningún lugar. La práctica no puede consistir en una mezcla caótica de técnicas orientales y occidentales "a la carta". Adentrarse en el Sendero Iniciático implica una estrategia, del mismo modo que un alpinista debe trazarse un plan de ataque para escalar una montaña. La búsqueda de poderes psíquicos y la práctica indiscriminada de ejercicios exóticos no nos llevará de ningún modo a la autorrealización sino a un triste destino, donde seguramente encontraremos a otros buscadores fracasados que eligieron desarrollar poderes psíquicos para diferenciarse de los demás antes de trabajar seriamente.

Resumen de la Sala de los Cuatro Elementos

* El estudiante que comienza a transitar el camino espiritual debe tener los pies en la tierra y mantener un espíritu crítico, huyendo de las escuelas "new age" de moda.

* La lectura debe ser una ayuda, no un fin en sí misma. Las enseñanzas antiguas siempre anteponen la práctica a la teoría.

* La primera labor debe centrarse en la "alineación" de los vehículos del cuaternario inferior, cada uno de ellos relacionados simbólicamente con una etapa de la alquimia y un elemento de la antigüedad (Tierra, Agua, Aire, Fuego).

Cuento: El bote de Nasrudin

A veces Nasrudin trasladaba pasajeros en su bote. Un día un erudito exigente contrató sus servicios para que lo trasportara hasta la orilla opuesta de un anchuroso río.

Al comenzar el cruce, el intelectual le preguntó si el viaje sería muy movido.

-No pregúnteme nada sobre esto– le contestó Nasrudin.

-¡Eh! ¿Nunca aprendió usted gramática?

-No - dijo el Mulá.

-En ese caso, usted ha desperdiciado la mitad de su vida.

El Mulá no respondió.

Al rato se levantó una terrible tormenta y el precario bote de Nasrudin empezó a llenarse de agua.

Nasrudin se inclino hacia su acompañante.

-¿Aprendió usted alguna vez a nadar?

-No- contestó el pedante.

-En ese caso usted ha perdido TODA su vida, pues nos estamos hundiendo.

La Sala de la Ley

(Sexta estancia)

"Debemos conocer las leyes de la vida superior si queremos vivir en ella. Conocedlas y os elevarán a la meta; pero si las ignoráis se frustrarán vuestros esfuerzos y ningún resultado obtendréis de vuestra obra". (Annie Besant)

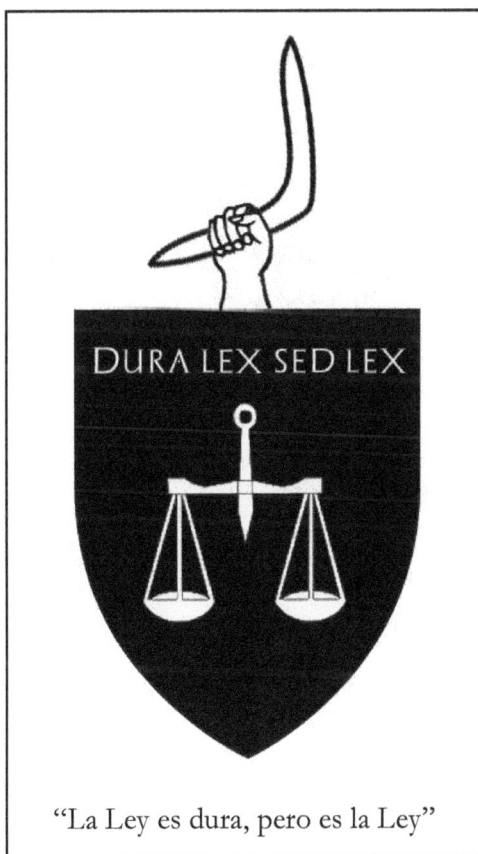

DURA LEX SED LEX

"La Ley es dura, pero es la Ley"

Una escalinata de siete peldaños te conducirá a una puertita donde hay un grabado donde destacan un boomerang y una balanza. Al abrirla, entrarás en una enorme biblioteca iluminada por los rayos solares que se filtran por una espléndida claraboya ubicada en el techo.

La placa central de esta sala tiene la inscripción *"Dura Lex, Sed Lex"* ("La Ley es dura, pero es la Ley") y hace referencia a las leyes que ligan al hombre con el Universo, resumidas a principios del siglo XX por "Tres Iniciados" en una declaración de siete principios rescatados de las enseñanzas atemporales de Hermes Trimegisto, el tres veces grande:

1. Principio del Mentalismo

2. Principio de Correspondencia

3. Principio de Vibración

4. Principio de Polaridad

5. Principio de Ritmo

6. Principio de Causa y Efecto

7. Principio de Generación

En gran parte, el éxito en nuestro peregrinar espiritual está supeditado al conocimiento y la práctica cotidiana basada en estos siete principios herméticos:

1) El Principio de Mentalismo: *"El Todo es Mente; el universo es mental"*

El Universo en su totalidad es una creación mental del Absoluto, del Uno sin segundo. Dicho de otro modo, es la materialización de los pensamientos de ese Absoluto, el

Brahman de los indos. El ser humano –como microcosmos de ese Ser macrocósmico ("a imagen y semejanza")– posee en potencia esa misma fuerza creadora. Siendo así, la filosofía primordial afirma que cada persona "crea mentalmente" su entorno y atrae lo bueno o lo malo a su alrededor. Si tenemos un pensamiento positivo, nuestra realidad será positiva, y del mismo modo si nuestro pensamiento es negativo, atraeremos negatividad a nuestro alrededor.

Esta es –en síntesis– la Ley de Atracción que, aunque haya sido trivializada por películas documentales de moda, es una de las enseñanzas más viejas y poderosas de la Sabiduría Antigua.

2) El Principio de Correspondencia: *"Como es arriba, es abajo; como es abajo, es arriba"*

La relación microcósmica-macrocósmica entre el ser humano y la divinidad se fundamenta en que el ser humano es una "chispa divina" (mónada) emanada de esa divinidad y que –tarde o temprano– deberá regresar a su origen y "re-integrarse".

De este modo, podemos entender que dentro de cada individuo se encuentra representada la totalidad del Cosmos. Esta enseñanza, que a simple vista parece sencilla, es la base fundamental de todo el conocimiento iniciático, ya que si "así como es arriba es abajo", conociéndonos a nosotros mismos podremos conocer a Dios y descubrir que somos dioses en estado de crisálida.

3) El Principio de Vibración: *"Nada está inmóvil; todo se mueve; todo vibra"*

De acuerdo con este principio, no hay nada muerto en el Universo, todo está vivo y en movimiento, en continua vibración, un concepto filosófico antiquísimo que ha sido confirmado por la ciencia moderna.

Esto significa que las diferentes manifestaciones son el resultado de diferentes estados vibratorios. De acuerdo con el Kybalión: *"Desde el Todo, que es puro espíritu, hasta la más grosera forma de materia, todo está en vibración: cuanto más alta es ésta, tanto más elevada es su posición en la escala. La vibración del espíritu es de una intensidad infinita; tanto, que prácticamente puede considerarse como si estuviera en reposo, de igual manera que una rueda que gira rapidísimamente parece que está sin movimiento. Y en el otro extremo de la escala hay formas de materia densísima, cuya vibración es tan débil que parece también estar en reposo. Entre ambos polos hay millones de millones de grados de intensidad vibratoria"*. (16)

Las enseñanzas alquímicas referidas a la transmutación se basan en este principio.

4) El Principio de Polaridad: *"Todo es doble, todo tiene dos polos; todo, su par de opuestos: los semejantes y los antagónicos son lo mismo; los opuestos son idénticos en naturaleza, pero diferentes en grado"*

Toda manifestación en el universo es dual, es decir que tiene un polo positivo y negativo, lo cual en el reino humano se manifiesta como masculino y femenino.

Una de las labores fundamentales de los probacionistas y discípulos es armonizar los opuestos, trascenderlos y encontrar el justo medio para descubrir la Unidad. Los orientales representan perfectamente este principio en el símbolo arcaico del Yin y el Yang.

5) El Principio del Ritmo: *"Todo fluye y refluye; todo*

tiene sus períodos de avance y retroceso, todo asciende y desciende; todo se mueve como un péndulo; la medida de su movimiento hacia la derecha, es la misma que la de su movimiento hacia la izquierda; el ritmo es la compensación"

El ritmo es una ley esencial de la Naturaleza, la cual puede ser observada sin muchas dificultades en nuestra propia vida. El conocimiento íntimo de este principio nos llevará a la aceptación de algunos fenómenos naturales que nos afectan directamente como la muerte y el nacimiento, así como a comprender la necesidad de volver a encarnar una y otra vez para aprender las lecciones necesarias antes de alcanzar la reintegración.

6) El Principio de Causa y Efecto: *"Toda causa tiene su efecto; todo efecto tiene su causa; todo sucede de acuerdo a la ley; la suerte no es más que el nombre que se le da a la ley no reconocida; hay muchos planos de causalidad, pero nada escapa a la Ley"*

La persona que somos actualmente es el producto de una serie de decisiones que hemos tomado en el pasado, no solamente nuestras sino también de nuestros padres. Todas nuestras vivencias responden a una causa. A nivel metafísico esta Ley fundamental se conoce como "Karma" y no es –como algunos principiantes suelen interpretar– un castigo sino una compensación, una consecuencia lógica de nuestras decisiones. En este sentido, no existe el azar ni la casualidad. Todo acontecimiento histórico no es fortuito sino que forma parte de una cadena de causas y efectos, tal como podemos comprobarlo si nos dedicamos a estudiar la Historia desde una perspectiva más filosófica.

7) El Principio de Generación: *"La generación existe*

*por doquier; todo tiene su principio masculino y femenino;
la generación se manifiesta en todos los planos"*

Este principio está ligado al de polaridad porque, cuando los dos polos se unen generan "un tercer polo" que contiene las cualidades de los dos primeros pero que constituye a su vez una realidad diferente. Del mismo modo, un hombre y una mujer pueden generar, a través de la unión sexual, un nuevo ser.

Este principio existe tanto en el plano material como en el plano espiritual, pues ninguna manifestación perfecta puede producirse ni estar completa si no aparecen estos dos polos que originan un tercero.

Pero, ¿por qué en la losa simbólica dice que la "Ley es dura"? En realidad, la ley es dura solamente para aquellos que la ignoran. Quienes conocen los principios con los que se rige el Universo, pueden aprovecharlos conscientemente y avanzar en el Sendero evitando algunos escollos que parecen infranqueables a los ignorantes.

Este es uno de los primeros cometidos del discípulo: aprender las reglas de juego, entender su funcionamiento, para poder aplicarlas convenientemente en su vida cotidiana.

"Descubre la voluntad de la Naturaleza. Estúdiala, préstale atención y hazla tuya". (Epicteto)

92

Resumen de la Sala de la Ley

* Los principios del universo son siete y han sido compendiados en una obra magistral titulada "El Kybalión".

* Para poder avanzar espiritualmente debemos conocer los principios y las leyes del Universo a fin de poder aplicarlas convenientemente a nuestra vida cotidiana.

La Sala de la Vida y de la Muerte

(Séptima estancia)

"La muerte no es más que un cambio de misión".
(Leon Tolstoi)

Luego de atravesar un corredor con un hermoso y cuidado rosedal interior, llegarás hasta una nueva puerta de este edificio laberíntico. Al abrirla, hallarás una estancia luminosa decorada con telas blancas en la que se destaca una nueva placa con símbolos esotéricos, donde está repre-

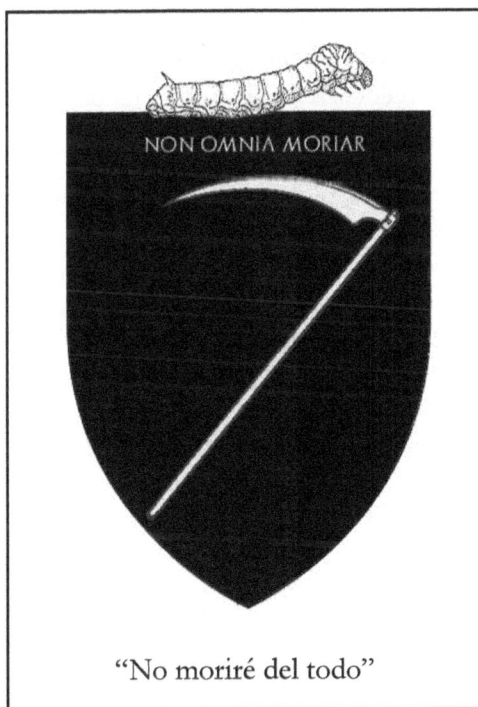

NON OMNIA MORIAR

"No moriré del todo"

sentada una guadaña y un gusano de seda, junto al axioma "Non omnia moriar" ("No moriré del todo").

En una estancia anterior habíamos hablado de la muerte mística y pudimos entender que existen otro tipo de muertes además del fallecimiento físico. Sin embargo, en la Sala de la Vida y de la Muerte la intención es bien clara: hacernos reflexionar sobre lo efímero de la vida y la presencia permanente de la desaparición física.

A lo largo de los siglos, el ser humano ha intentado resolver el misterio de la vida y de la muerte a través de dos posturas filosóficas fundamentales, radicalmente opuestas:

a) La concepción MATERIALISTA afirma que la conciencia está ligada al cuerpo y que si éste muere, el ser deja de existir en su totalidad porque no hay nada más allá: ni paraíso, ni reencarnación, sino la nada: la total aniquilación del ser.

En esta postura, claramente vinculada al ateísmo y a las corrientes positivistas de los últimos siglos, se argumenta que no existen los dioses ni tampoco alguna inteligencia superior.

b) La concepción ESPIRITUALISTA sostiene que la conciencia es independiente del cuerpo físico y que el ser humano posee una constitución compleja (véase la Sala del Espejo), por lo cual solamente una parte de él desaparece con la muerte mientras que otra (de carácter metafísico) sobrevive y pasa a otro estado.

Generalmente los espiritualistas afirman que existe una inteligencia superior, que regula el proceso de la vida y la muerte a través de leyes desconocidas desde una perspectiva física.

La postura espiritualista –sin embargo– se puede dividir en dos escuelas fundamentales:

1) Trascendentalistas de la eternidad: son aquellos que afirman que luego de morir nuestra porción inmortal (Alma Espiritual) pasa a otro estado, donde es juzgada y según sus méritos pasa a ser premiada (cielo) o castigada (infierno), y en ocasiones a un "limbo". Otras posturas sostienen la existencia de un paraíso celestial y de una existencia eterna en un lugar que no es físico.

Algunas escuelas cristianas hablan de la "resurrección de los muertos", e incluso el credo católico dice: "Creo en la resurrección de los muertos...", es decir que según este catecismo, los hombres mueren y "los que hayan hecho el bien resucitarán para la vida, y los que hayan hecho el mal, para la condenación."

Siendo así, esta posición (propia de las escuelas exotéricas monoteístas) considera que el hombre tiene UNA SOLA OPORTUNIDAD en la Tierra y que si la desaprovecha será condenado por toda la eternidad.

2) Reencarnacionistas: son aquellos que aseveran que al mismo tiempo que el cuerpo material muere, una porción de nuestro ser pasa a un estado intermedio en el que permanece varios años hasta volver a "encarnar" en otro cuerpo, en otro lugar.

Aún dentro de los reencarnacionistas podemos encontrar dos visiones distintas: el reencarnacionismo evolucionista, que sostiene que el ser humano no puede volver a encarnar en especies animales, y el reencarnacionismo transmigratorio, que postula que por nuestras malas acciones podemos volver a encarnarnos en especies animales.

Las escuelas de filosofía iniciática son reencarnacionistas evolutivas, pues afirman que cuando se ha alcanzado la individualidad ya no se puede regresar a especies "inferiores" desde el punto de vista de la conciencia.

Si analizamos las dos posturas espiritualistas principales que consideran la existencia de Dios o de una suprema inteligencia, podemos concluir que:

a) Aquellos que creen en la existencia de una sola vida parten de la base de un Dios intransigente y ciertamente injusto, pues: ¿cómo se explicaría la muerte de un niño de corta edad? ¿Cómo se explicarían las enormes diferencias que hacen que un hombre nazca en la riqueza y otro en la extrema pobreza? ¿Por qué un individuo tiene deformidades y problemas físicos mientras que otro nace absolutamente sano y fuerte? Dicho de otro modo: ¿qué oportunidades tendrían ese niño pequeño, ese hombre que nace en un entorno hostil y ese otro que apenas puede moverse para poder "ir al cielo"?

b) El reencarnacionismo se sustenta en una inteligencia que posee los tres atributos platónicos de la divinidad: Justicia, Belleza y Bondad, una forma de referirse a una "armonía universal" donde todo se compensa tarde o temprano. De este modo, el niño muerto, el deforme y el pobre se convierten en experiencias pasajeras del Alma Espiritual.

Dicho de otro modo y teniendo en cuenta la alegoría espiritual que se refiere a que esta vida es una "escuela" a la que venimos a aprender, podemos señalar que *"cada vida es un día en la escuela y cada vez que volvemos a la tierra, reasumimos nuestras lecciones en el punto en que las dejamos antes, ayudados por lo que aventajamos con el estudio a domicilio, es decir el estudio en los "cielos",*

POSTURAS FILOSÓFICAS SOBRE LA VIDA Y LA MUERTE

MATERIALISTA

SOLO EXISTE LA MATERIA
NO EXISTE UN SER SUPERIOR

→ LA CONCIENCIA PERECE JUNTO AL CUERPO FÍSICO

→ **DIOS NO EXISTE**

ESPIRITUALISTA

EXISTE ALGO MÁS QUE LA MATERIA
EXISTE UNA INTELIGENCIA SUPERIOR

→ HAY UNA SOLA VIDA

→ PARAÍSO O INFIERNO COMO PREMIO O CASTIGO

→ **DIOS INJUSTO**
DESARMONÍA

→ HAY MUCHAS VIDAS

→ EL HOMBRE SE PUEDE ENCARNAR EN ANIMALES

→ **DIOS ILÓGICO**
DESARMONÍA

→ EL HOMBRE SOLO ENCARNA EN EL REINO HUMANO

→ **DIOS JUSTO**
ARMONÍA

99

que son el hogar del Alma. El salvaje se halla precisamente comenzando su educación humana, en tanto que un ser espiritualmente adelantado se está aproximando a su examen final en esta escuela del mundo. Algunos alumnos, que son aptos, aprenden rápidamente, mientras que otros egos, a manera de niños poco inteligentes, requieren mayor tiempo para comprender sus lecciones. Ningún alumno habrá de fracasar jamás, pero la duración del tiempo que requiera para capacitarse para el examen superior, dependerá de su propio criterio. El discípulo juicioso considerando que esta vida escolar es meramente una preparación para otra más elevada, procura aprovechar el tiempo lo mejor posible y trata de comprender las reglas de la escuela y conformar su vida de acuerdo a ellas". (16)

En cada vida nuestra Alma Espiritual adopta una "personalidad" que no es otra cosa que una máscara provisional. Recordemos que "personalidad" viene de la palabra latina "persona" que no es otra cosa que "máscara", y éstas —usadas para representaciones teatrales— además de ocultar el rostro verdadero tenían un artilugio que las hacía amplificar la voz ("per sonare", o sea "resonar").

Resumiendo: el proceso reencarnatorio consiste en un descenso del Alma Espiritual a un vehículo físico, el cual se repite muchas veces a través de múltiples vidas, a fin de experimentar distintas vivencias en diferentes entornos, clases sociales, razas, religiones, etc.

La reencarnación está supeditada a la Ley de Causa y Efecto (Karma), que restablece el equilibrio en todos los aspectos y situaciones, lo que según las leyes de la mecánica se traduce en: "A toda acción se opone una reacción igual y de sentido opuesto".

De este modo, nuestra encarnación física puede ser interpretada como un eslabón, el cual —aun sabiendo que forma parte de una gran cadena— es la única posibilidad que disponemos en este momento para crecer y evolucionar. Siendo así, el discípulo no se preocupa ni por las vidas pasadas ni por las vidas futuras, sino que se concentra en aprovechar el presente, esta existencia única que se nos ha brindado para que podamos crecer.

El ciclo completo puede representarse con el desplazamiento de un delfín en el mar. Cuando este cetáceo salta a la superficie, podemos verlo en el aire, y entendemos que simbólicamente surge a la existencia (vive), pero al sumergirse deja de existir para nuestra percepción limitada (muere). No obstante, si observamos el proceso integralmente podremos advertir que el delfín no modifica su existencia sino su lugar de desplazamiento.

El proceso de nacimiento-vida-muerte es continuado por una existencia más allá de la muerte (procesos postmortem) que es la antesala de un nuevo nacimiento. Algunos filósofos han comparado nuestro ciclo vital con el recorrido del sol, que sale al amanecer (nacimiento-niñez), asciende durante la mañana inundándolo todo con su luz (juventud), llega a su máximo esplendor al mediodía (juventud madura), nos baña con su luz durante horas (madurez) para finalmente descender (senectud) y ponerse en el ocaso (muerte). Y cuando parecía que el ciclo estaba terminado, el sol vuelve a aparecer por el este.

Este ciclo completo —al igual que el desplazamiento del delfín— tiene dos partes bien diferenciadas:

a) Manifestación, desde el nacimiento hasta el fallecimiento.

b) Inmanifestación, desde el fallecimiento al renacimiento.

Con respecto al karma, vale aclarar que el conocimiento superficial de esta ley lleva a muchos a relacionar al Karma con una especie de castigo, mas desde una perspectiva más elevada debemos entenderlo como una tendencia general de la naturaleza hacia el restablecimiento del equilibrio y de la armonía. En este sentido, el Karma no es una condena sino una compensación, un ajuste.

La tradición inda establece tres tipos diferentes de Karma:

a) Sanchita o Karma acumulado, es decir el karma que hemos llegado a acumular durante varias encarnaciones.

b) Prarabhda o Karma maduro, o sea aquel karma que deberá saldarse en la presente encarnación.

c) Kriyamana o karma en formación, es decir aquel que está siendo generado en esta vida actual. El mismo será agregado a Sanchita (el karma que se va acumulando) y se nos presentará como karma maduro (Prarabdha) cuando llegue el momento.

El "Karma" (Causa y efecto) nos lleva a otro concepto relacionado con él y que es llamado en Oriente "Dharma", que no posee una traducción directa a nuestro idioma, aunque a menudo se lo interpreta como "Orden universal", "Ley" o "Deber". Dicho de otro modo, el Dharma puede ser visto como nuestro sendero en la vida, como aquello que necesariamente debemos hacer para alcanzar la autorrealización o bien lo que debemos hacer para no generar Karma. Por esta razón, y desde un punto de vista práctico, el Dharma se traduce como "Propósito en la vida" y es el que brinda un sentido más elevado a nuestra vida cotidiana.

No obstante, para seguir nuestro Propósito en la vida es necesario primero descubrir cuál es ese Propósito y es cierto que la mayoría de las personas no tienen idea ni de dónde vienen ni hacia dónde van. Dado que reconocer nuestro Propósito no es fácil y nos puede llevar años –porque no nos conocemos a nosotros mismos– la mejor forma de ir descubriendo nuestra misión y tomando conciencia de la misma es la formulación de un Proyecto de vida que nos acerque a nuestro Propósito. Descubrir nuestra vocación profunda va más allá de nuestro trabajo o actividad que desarrollamos para ganarnos el pan de cada día, sino que apunta a encontrar el EJE de nuestra vida para actuar eficazmente en la sociedad.

El camino al éxito se fundamenta en una buena planificación estratégica y un buen aprovechamiento del tiempo. Las personas que aseguran que "no tienen tiempo" generalmente no están dispuestas realmente a cambiar su vida pues todo cambio significa compromiso y la mayoría de las veces prefieren "matar el tiempo" (leyendo periódicos o revistas intrascendentes, haciendo actividades superficiales o mirando TV) antes que "dignificarlo".

Muchas personas creen que la planificación estratégica es un tema reservado para el ámbito empresarial y que las personas deben vivir espontáneamente, sin hacer grandes planes. Sin embargo, si tenemos en cuenta el principio de mentalismo, debemos ser conscientes que nos convertimos en lo que pensamos, pues nuestro pensamiento es creativo. Pero para poder crear hay que saber hacia dónde queremos ir y contestarnos esta pregunta: "¿Qué queremos verdaderamente?" analizando concienzudamente la respuesta para determinar si nuestras motivaciones proceden de los deseos de la personalidad o si –por el contrario– son inclinaciones propias de la voluntad más alta, es decir de nuestra Alma Espiritual.

Resumen de la Sala de la Vida y de la Muerte

* La reencarnación se fundamenta en una justicia divina o equilibrio universal, donde –tarde o temprano– todo se compensa.

* El ciclo vital completo del ser humano contiene dos partes bien diferenciadas: la manifestación (desde el nacimiento hasta la muerte) y la inmanifestación (desde el fallecimiento al renacimiento).

* La reencarnación está supeditada a la Ley de Causa y Efecto (Karma), que restablece el equilibrio en todos los aspectos y situaciones.

* El Dharma puede ser traducido como nuestro "propósito en la vida", aquello que necesariamente debemos hacer para alcanzar la autorrealización y dejar de generar Karma.

* La mejor forma de ir descubriendo nuestro Dharma es la formulación de un Proyecto de vida que nos acerque a nuestro Propósito.

Cuento: La historia de la humanidad

Se cuenta que en la antigua Persia vivió un rey llamado Zemir. Coronado muy joven, se sintió en la obligación de instruirse, por lo que reunió a su alrededor numerosos eruditos venidos de todos los países y les pidió que escribieran para él la historia de la Humanidad. Todos los eruditos se concentraron en la tarea.

Pasaron veinte años mientras se redactaba el libro. Finalmente, llegaron a palacio con quinientos volúmenes, cargados a lomos de doce camellos.

El rey Zemir, por aquel entonces, pasaba ya de los cuarenta años.

"Ya soy mayor", les dijo, "no tendré tiempo de leer todo esto antes de mi muerte. Os ruego que hagáis una edición resumida".

Por más de veinte años los eruditos se dedicaron a la labor, y regresaron a palacio con sólo tres camellos.

Pero el rey había envejecido mucho. Sexagenario, se sentía débil.

"No me es posible leer todos esos libros. Por favor, haced una versión aún más breve".

Los eruditos trabajaron diez años más y volvieron con un elefante cargado con su obra.

Pero, con más de setenta años y medio ciego, el rey no podía leer y pidió una edición aún más abreviada. Los eruditos también habían envejecido. Se concentraron durante cinco años más y, momentos antes de la muerte del monarca, volvieron con un único tomo.

"Moriré, entonces, sin saber nada de la historia de la Humanidad", suspiró el rey.

Junto a la cabecera de su cama, el más anciano de los eruditos le dijo:

"Te explicaré en pocas palabras la historia de la Humanidad: el hombre nace, vive, sufre y, finalmente, muere"

En ese instante, el rey expiró.

NOBISCUM DEUS

La Sala del Absoluto

(Octava estancia)

"Nuestro conocimiento de Dios consiste en saber cómo debemos ignorarle. Si lo comprendiésemos ya no sería Dios. Más fácilmente entendemos de Dios lo que no es, que no lo que es y no es poco saber de Dios conocer lo que no es si lo sabemos bien" (San Agustín)

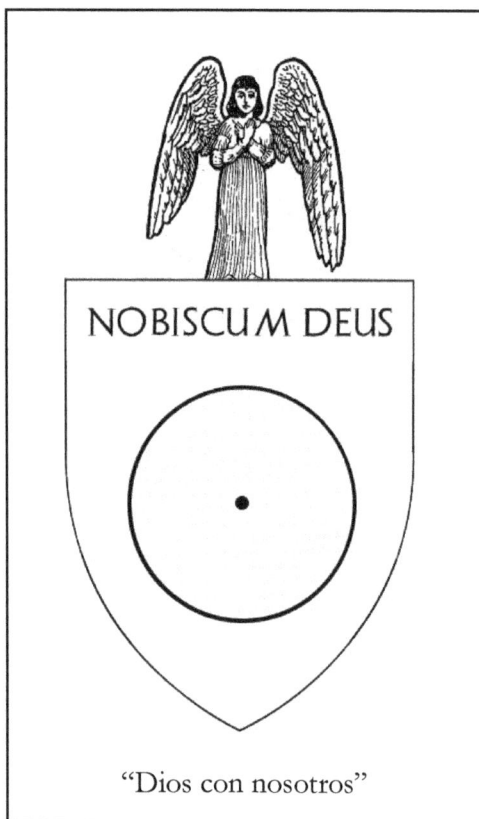

NOBISCUM DEUS

"Dios con nosotros"

Una estancia luminosa decorada con vitrales y motivos angélicos sirve de marco a la siguiente estela, que tiene dibujado un círculo con un punto central y la sentencia latina: "Nobiscum Deus" ("Dios con nosotros").

La Filosofía Perenne es espiritualista y se basa –no en la creencia, sino en la absoluta seguridad– de la existencia de una Inteligencia macrocósmica a la que suele llamar el Absoluto, el Uno sin segundo o simplemente "el misterio de los misterios".

El filósofo Baruch Spinoza decía que *"Definir a Dios equivale a negarle"*, lo cual significa que una mente finita como la nuestra no puede conocer a Dios por medio de la razón. No obstante, si el axioma hermético "Así como es arriba es abajo" es cierto, el conocimiento del microcosmos nos podría llevar –por correspondencia– a conocer al Macrocosmos. Siendo así, volvemos una vez más al enunciado del oráculo de Delfos: "Conócete a ti mismo y conocerás al Universo y a los dioses".

Ciertamente, la palabra "Dios" ha generado múltiples confusiones y ha sido muy manoseada a lo largo de la historia de la humanidad, en especial en los últimos siglos. Por esta razón, a veces es preferible el uso del término "Absoluto" o "Uno sin segundo", que son formas más apropiadas para denominar a la divinidad como un todo.

Muchas personas mantienen una creencia en un dios personal externo y antropomórfico, un anciano de barba blanca que nos premia o nos castiga según nuestro comportamiento, y que puede perdonarnos si damos algo a cambio (una promesa, una oración, un sacrificio, etc.). Sin embargo, en la tradición antigua no se concibe a la divinidad como una "entidad" externa a nosotros y de la que estamos separados. Más bien se insiste en nuestra identidad divina, enseñada incluso por el Cristo a sus discípulos: *"¿No está escrito en vuestra Ley: Yo dije, DIOSES SOIS?"* (Juan 10:32-34).

Como "chispas divinas", dioses en el exilio, siempre tenemos cerca a ese "Dios con nosotros" porque nuestra naturaleza es trascendente. Al contrario de lo que muchos piensan, no somos un cuerpo que tiene un Alma sino un Alma encarnada, acumulando experiencias y despertando de su letargo para volver a emprender el camino que la llevará de vuelta a casa.

Las religiones nos deberían ayudar en el descubrimiento de ese Dios interno que mora en nuestro corazón, aunque la mayoría de los feligreses prefiera buscar a Dios "afuera". Ciertamente, a la humanidad –presa de la ilusión– le cuesta demasiado dejar de lado al ridículo Dios antropomórfico de barba blanca y ceño fruncido, siempre dispuesto a castigarnos por no seguir su camino.

En verdad podemos entrar en comunicación con Dios, pero solamente con la divinidad que mora dentro de nosotros. El contacto con Dios centrado en torno al "trueque", esa insolente y continua petición de favores, no solamente es una tontería sino también una práctica inútil que las iglesias siguen fomentando para poder controlar de mejor modo a sus seguidores. El Dios personal "castigador" y "premiador" es una aberración de la mente de deseos, fruto de la ignorancia y la falta de conciencia.

¿Cómo podemos entrar en contacto con Dios? La tradición antigua nos brinda dos herramientas valiosísimas que hoy en día se practican poco y mal: la oración y la meditación.

Estas son las dos vías de conexión a las que nos referimos anteriormente y que pueden ser entendidas cabalmente a través del proceso que estudian las ciencias de la comunicación donde se establece un receptor, un emisor y un canal. Dicho de otro modo: dentro de nosotros mismos existe un proceso de comunicación cerrado entre el microcosmos y el Macrocosmos.

En la oración, el hombre es el emisor y Dios el receptor, es decir que Dios calla para que nosotros hablemos.

En la meditación, el hombre es el receptor y Dios el emisor, es decir que nosotros callamos para que Dios nos hable.

No obstante, al igual que en el proceso de comunicación, pueden existir "interferencias" y "ruidos" que impidan una comunicación fluida. Estos "ruidos" son causados por la mente de deseos y son los pensamientos intrusos, aquellos que no nos permiten concentrarnos ni meditar.

Por esto, podemos comparar la comunicación con nuestro Dios interno con una sintonización del microcosmos con el Macrocosmos, donde es necesario purificar el canal, limpiando la frecuencia de ruidos e interferencias

EMISOR — ORACIÓN — RECEPTOR

SER HUMANO   DIOS

RECEPTOR — MEDITACIÓN — EMISOR

RUIDO
PRODUCIDO
POR LA MENTE

(aquietando la mente) para que la comunicación sea clara y fluida.

Si queremos REALMENTE orar y meditar para entrar en contacto con Dios tenemos que dominar las técnicas introspectivas más básicas, para poder lograr el silencio interior apropiado para una comunicación sin interferencias. Estas técnicas preliminares forman parte de la "ascesis iniciática", un método progresivo de perfeccionamiento interno y consciente a fin de tomar el control, dominando nuestras emociones y nuestros pensamientos. Sólo así lograremos encontrarnos con ese "Dios en nosotros".

"No es posible alcanzar el Adeptado y el Nirvana, la Felicidad y el Reino de los Cielos, sin unirnos indisolublemente a nuestro Rey de la Luz, el inmortal Dios que está en nosotros". (Helena Blavatsky)

Resumen de la Sala del Absoluto

* La palabra "Dios" ha sido muy manoseada a lo largo de la historia de la humanidad y por esta razón, en ocasiones es preferible hablar del "Absoluto" o del "Uno sin segundo".

* Más allá de ese dios personal caricaturesco (externo y antropomórfico), la Sabiduría Antigua se refiere al "Dios en nosotros", enseñando que somos "chispas divinas" emanadas del Gran Fuego y como tales, tenemos una identidad divina.

* La comunicación con nuestra divinidad interna se realiza a través de la oración y la meditación.

Dios cercano a ti

Séneca

No es menester alzar las manos al cielo ni rogar al guardián del templo a fin que nos admita a hablar al oído de la estatua como si tuviésemos que ser más escuchados: Dios se halla cerca de ti, está contigo, está dentro de ti. Sí Lucilio; un espíritu sagrado reside dentro de nosotros, observador de nuestros males y guardián de nuestros bienes, el cual nos trata tal como es tratado por nosotros. Nadie puede ser bueno sin la ayuda de Dios; pues ¿quién podría sin su auxilio elevarse por encima de la fortuna?

La Sala del Trabajo

(Novena estancia)

"De la mentira, guiadme a la verdad.
De la oscuridad, conducidme a la luz.
De la muerte, llevadme a la inmortalidad".
(Brhadaranyaka Upanishad)

ORA ET LABORA

"Ora y trabaja"

En el blasón de la siguiente sala del gran Templo aparece una abeja, símbolo del trabajo interno y externo, es decir adentro y afuera del panal. Por esta razón, la máxima de este recinto es *"Ora et Labora"*, un llamado al equilibrio, a conciliar la teoría y la práctica en una forma de vida que brinde cohesión a nuestras ideas y nuestras acciones.

La labor del "aquí y ahora" con referencia a nuestra vida externa consiste en aprovechar nuestras vivencias cotidianas y el trabajo (oficio, profesión) que desempeñemos a fin de descubrir nuestro Propósito en la vida.

Si nuestra motivación al iniciar este sendero es simplemente "saber más" o recibir más información, nos hemos equivocado de ruta. El Sendero Iniciático implica comprometerse y adoptar un nuevo estilo de vida. No es un "hobby" más, sino una revolución de la conciencia.

Para conocer más, debemos empezar por nosotros mismos. Y para conocernos a nosotros mismos, debemos trabajar interiormente. La abeja –que aparece representada en la placa de esta habitación– es un buen ejemplo de esto, ya que en la naturaleza exterior encuentra la materia prima con la que elabora la miel en el interior de la colmena. Trabajar afuera y adentro: esta es una de las claves del trabajo espiritual. Orar y laborar.

En la imagen de la sala un hacha de doble filo (labrys) refuerza el simbolismo del trabajo, ya que esta herramienta antigua corta hacia los dos lados: hacia adentro y hacia afuera, y su etimología nos recuerda al "labrador" que también es un "laborador" (trabajador). (18)

Con relación a nuestra vida interna, nuestra tarea es elaborar un plan estratégico que nos lleve por buen rumbo, siguiendo una "ascesis", un método progresivo de desarrollo yendo de lo más denso a lo más sutil, sin saltarnos ningún paso.

El objetivo último de la ascesis es la Iniciación, la iluminación de la conciencia, la reintegración con Dios, y por eso cada escalón es importante para llegar a tan elevada meta.

Al relacionarlo e integrarlo con el Sendero de Iniciación, el método de desarrollo que promovemos a través de estos escritos no es una ascesis cualquiera sino una "ascesis iniciática", una auténtica praxis alquímica estructurada en cuatro grados de trabajo: nigredo (cuerpo físico, Tierra), albedo (cuerpo vital, Agua), citrinitas (cuerpo emocional, Aire) y rubedo (mente de deseos, Fuego), más un quinto grado (Alma, Éter) que complementa y completa el ciclo.

Mientras que los ilusos ven la iniciación simplemente como una ceremonia honorífica, en un espacio preciso y con gentes afines, la ascesis iniciática implica vivir la Iniciación en el día a día, con pruebas de Tierra, Agua, Aire y Fuego a cada instante, con cada decisión que tomamos.

Mediante el método de trabajo interno, el discípulo logra conciliar los opuestos y matar al viejo hombre (palaios anthropos) para que nazca el Hombre Nuevo (neos anthropos), convirtiendo una existencia profana (con un tiempo y espacio desacralizados) en una vida purificada y sagrada, entendiendo la antigua frase oriental: *"para los puros, todo es puro"*.

La palabra "ascesis" puede ser considerada anacrónica en los medios profanos porque implica un esfuerzo disciplinado para conseguir algo y muchas veces se suele relacionar con las prácticas de autoflagelación realizadas en un entorno monástico. En realidad, la palabra proviene del griego y hace referencia a los ejercicios que usaban los atletas y los soldados para su entrenamiento físico, pero posteriormente fue tomada por los filósofos espiritualistas para ilustrar ciertos métodos de perfeccionamiento interior.

Algunos métodos ascéticos reconocidos son el Yoga de Patanjali, los Ejercicios Espirituales de San Ignacio de Loyola, la senda carmelitana de San Juan de la Cruz, el "Solve et Coagula" alquímico, el VITRIOL masónico, el método Zen, etc.

Para que el desarrollo sea realmente integral, necesitamos una ascesis que purifique todos nuestros vehículos, utilizando diferentes prácticas y herramientas precisas para poder alinearlos y despertar nuestra conciencia, un proceso continuo que implica trabajar como la abeja: adentro-afuera. A continuación realizaremos un rápido repaso al método de desarrollo interno que usa la escuela "Opus Philosophicae Initiationis", el cual es explicado más profundamente en otros volúmenes de esta colección.

En el primer grado de la ascesis iniciática el punto focal está dado en el elemento Tierra, atendiendo a varios aspectos de capital trascendencia en el desarrollo del cuerpo étero-físico:

Alimentación adecuada
Eliminación de hábitos nocivos
Cuidado de la higiene corporal
Práctica de algún tipo de ejercicio físico
Reposo adecuado y relajación

Estos cinco aspectos no deben ser descuidados si queremos realizar un trabajo interno prolijo y metódico. Si los ignoramos por considerarlos de poca trascendencia, tarde o temprano tropezaremos, pues las prácticas más "elevadas" se fundamentan en el dominio de los vehículos inferiores, empezando por el cuerpo étero-físico.

Por esto, es necesario dominar desde el principio nuestra voluntad, trabajando disciplinadamente y buscando momentos de solaz para encontrarnos con nosotros mismos. Si el entorno familiar se muestra hostil a nuestras prácticas, podemos acudir a una iglesia cercana o incluso a un parque, para encontrar la paz y el silencio necesarios para realizar nuestra labor introspectiva.

El ejercicio básico de la primera etapa es la relajación, la preparación de nuestro vehículo físico, eliminando las tensiones y preocupaciones que le impiden trabajar internamente.

En el segundo grado de trabajo ascético debemos centrarnos en el elemento Agua y en el desarrollo del cuerpo vital, lo cual se logra dominando los ejercicios de armonización, en especial el arte de la respiración.

La respiración tiene un doble aspecto: uno esotérico o interno y otro exotérico o externo. En su faceta fisiológica, la respiración puede ser interpretada como "externa" o "exotérica", mientras que en su relación con el prana y el flujo energético, puede ser asimilada como "esotérica" o "interna".

La Filosofía Perenne siempre ha afirmado que en el aire existe una sustancia invisible, indispensable para la vida, la cual ha recibido varios nombres, entre ellos "fuerza vital", "hálito de vida", "chi", "ki" o "prana". Mediante este prana el cuerpo vital (también llamado "cuerpo pránico") logra vivificar al cuerpo físico, y la interrelación de ambos hace posible nuestra existencia.

El tercer grado de la ascesis iniciática nos lleva a trabajar con nuestras emociones a través del elemento Aire. En este sentido, el trabajo se focaliza no solamente en el conocimiento del proceso emocional sino en el control del deseo. Entendámoslo bien: controlar los deseos no quiere decir reprimirlos sino transmutarlos.

En esta etapa, el estudiante también comenzará a armonizar sus centros sutiles (chakras) mediante la vocalización de sonidos vocales, la visualización y el canto devocional.

El cuarto grado de nuestro método progresivo de desarrollo interno está relacionado con el elemento Fuego y con la mente de deseos. Esta labor involucra un dominio eficaz de los pensamientos, entendiendo la relación simbiótica entre el cuerpo emocional y la mente de deseos. El ejercicio central de esta etapa es la concentración, que es el fundamento de todo el trabajo espiritual posterior.

El último peldaño, que complementa y completa los cuatro anteriores, está relacionado con el quinto elemento (Éter). En esta instancia la labor ascética está enfocada en la meditación y la oración, así como en prácticas concretas para trabajar con la Tríada Manas-Buddhi-Atma, es decir con el Alma. Para poder practicar eficazmente la meditación y la oración, es necesario el silencio. Todas las tradiciones rescatan el valor del silencio pues es el único medio de serenar el Alma para la contemplación.

Sin embargo, el silencio no significa simplemente la ausencia de sonidos sino algo más profundo: el cese del continuo cuchicheo de la mente. Por eso Miguel de Molinos dice en su "Guía Espiritual": *"Hay tres tipos de silencio: el primero es de palabras, el segundo de deseos y el tercero de pensamientos. El primero es perfecto, el segundo más per-*

fecto y el tercero perfectísimo. *En el primero, de palabras, se alcanza la virtud; en el segundo, de deseos, se consigue la quietud; en el tercero, de pensamientos, el recogimiento interior. No hablando, no deseando, no pensando, se llega al verdadero y perfecto silencio místico, en el cual habla Dios con el Alma, se comunica y la enseña en su más íntimo fondo la más perfecta y alta sabiduría. A esta interior soledad y silencio místico la llama y conduce cuando le dice que le quiere hablar a solas, en lo más secreto e íntimo del corazón. En este silencio místico te has de entrar si quieres oír la suave, interior y divina voz.*

No te basta huir del mundo para alcanzar este tesoro, ni el renunciar a sus deseos, ni el desapego de todo lo creado, si no te despegas de todo deseo y pensamiento. Reposa en este místico silencio y abrirás la puerta para que Dios se comunique contigo, se una contigo y te transforme." (19).

Los discípulos avanzados suelen retirarse al templo de su corazón, el Santuario del Ser, lejos del caos y las prisas de la sociedad profana, y en ese lugar silencioso comulgar con su Maestro Interno, escuchando sin intermediarios sus enseñanzas.

> *"Únicamente en la mente silenciosa donde puede edificarse la verdadera conciencia".* (Sri Aurobindo)

Resumen de la Sala del Trabajo

* El Sendero Iniciático implica compromiso y un nuevo estilo de vida. No es un "hobby" más, sino un cambio integral, una verdadera revolución de la conciencia.

* Para trabajar interiormente, proponemos una ascesis iniciática, una auténtica praxis alquímica estructurada en cuatro grados de trabajo: nigredo (cuerpo físico, Tierra), albedo (cuerpo vital, Agua), citrinitas (cuerpo emocional, Aire) y rubedo (mente de deseos, Fuego), más un quinto grado (Alma, Éter) que complementa y completa el ciclo.

La Sala de la Unidad

(Décima estancia)

"Puesto que todos somos uno en vida, la comunión que proviene de esta vida es una. Siempre que hay unidad, hay comunión. Donde no hay unidad, no hay comunión. Por lo tanto, cuando estamos en comunión, somos uno".

(Witness Lee)

FRATERNA CARITAS
EST DULCIS

"El Amor entre los Hermanos es dulce"

En la siguiente sala, hallarás sobre un espléndido mesón de roble un haz de espigas sujeto con cintas de varios colores y en una de las paredes una nueva placa con la inscripción "Fraterna Caritas est Dulcis" ("El Amor entre los Hermanos es dulce").

En la actual sociedad de lo "políticamente correcto" se habla mucho de una fraternidad humana pero simplemente como una aspiración vaga, un eslogan bonito usado como un paraguas ante una realidad despiadada. La Sabiduría Antigua, por su parte, se refiere a la Fraternidad Universal como una ley de la naturaleza pues enseña que todos los hombres son Uno, células integrantes de la Vida-Una, del Absoluto, chispas divinas emanadas del mismo fuego.

En este sentido, la Fraternidad no puede ser considerada un sueño bonito sino un HECHO, aunque los hombres dormidos no puedan darse cuenta de ello, y sigan buscando cualquier excusa para la separación y la diversidad (religiones, razas, nacionalidades, clases sociales, orientaciones sexuales, simpatías deportivas, etc.). El camino para plasmar en nuestro planeta la Fraternidad Universal pasa por la ya citada restauración de la sociedad primordial, integrada por ciudadanos del mundo conscientes y lúcidos, unidos bajo una única Ley, la regla de oro de los antiguos resumida en la sentencia: "Trata al prójimo del mismo modo en el que quisieras ser tratado". Esta es la piedra basal de la ética de las religiones: el amor consciente.

Proclamar la Fraternidad Universal y pretender que todos los seres humanos tomarán conciencia de su realidad de la noche a la mañana es una tarea imposible para nuestros días, cuando el materialismo y el ateísmo dominan la Tierra.

Para crear un mundo nuevo hacen falta hombres conscientes que estén dispuestos a trabajar sinérgicamente. Pero, ¿qué es la SINERGIA? Según el Diccionario de la Real Academia este término se define como: "Acción de dos o más causas cuyo efecto es superior a la suma de los efectos individuales", es decir la actividad coordinada de varios individuos para alcanzar una meta en común, en beneficio de todos.

De acuerdo con la antropóloga Ruth Benedict (quien introdujo el concepto de sinergia vinculado al ámbito social en 1941), en una sociedad altamente sinérgica, ésta se organiza de tal modo que el individuo sirve a sí mismo y a la comunidad, mientras que en una sociedad con baja sinergia las organizaciones sociales crean una pronunciada oposición entre las necesidades personales y las grupales. Por esta razón, las sociedades de "alta sinergia" son seguras, benevolentes y altamente morales, mientras que las de "baja sinergia" (como nuestra sociedad moderna) son inseguras, indiferentes y amorales, como consecuencia de una "moral light" descrita con precisión por el psiquiatra Enrique Rojas en sus libros y que se fundamenta en una *"tetralogía disolvente y giratoria, que acaba en el nihilismo: hedonismo-consumismo-permisividad-relativismo".* (20)

Este punto es importante: en las concepciones políticas iniciáticas cada miembro de la sociedad trabaja en armonía con los demás, entendiendo que su trabajo es necesario para que se logre el bien común. En "La República" de Platón –quizás el modelo político-iniciático más antiguo que se conozca– el Estado funcionaba eficientemente en la medida que cada clase cumpla adecuadamente con su "Propósito". En este sentido ningún oficio o profesión puede ser considerado mejor que otro, sino que todos deben dar forma a una sociedad integral y armónica. En este esquema tradicional se puede decir que un buen enfermero vale más que un mal médico, o que un albañil consciente vale más que un arquitecto inconsciente.

Nuestra labor como espiritualistas consiste en trabajar activamente para paliar esta triste situación estableciendo paulatinamente núcleos de la Fraternidad Universal en todo el globo, pequeños grupos de resistencia al materialismo reinante donde comience a vivenciarse esta ley fraternal.

En estos núcleos, los aspirantes, lo probacionistas y los discípulos (los nuevos "maquis" o "partigiani" del espíritu) (21) deben resistir y "conspirar" (esto es: "respirar juntos") para influir positivamente en la sociedad mediante la acción y el servicio, pero estas acciones y estos servicios deben ser "conscientes", no un mero impulso "políticamente correcto" para matar el tiempo y sentirnos más "buenos". La acción consciente pasa por entender la Ley y por tener bien claro el objetivo final: la RESTAURACIÓN de la sociedad primordial.

Obviamente, esta tarea colosal no puede ser ejecutada por una sola organización sino que debe ser el fruto de la acción coordinada de muchas agrupaciones humanas que busquen el mismo fin y que no estén contaminadas por el modernismo profano. Sólo así (tendiendo puentes) podremos empezar a trabajar para que el hombre se reintegre y que la sociedad vuelva a brillar en armonía.

Thoreau daba este consejo a sus lectores: *"Dejen que sus vidas sean la contra fricción que pare la máquina"*, el cual podríamos tomar como propio para decir: *"Conspiremos unidos para detener el sistema y cambiarlo desde sus cimientos"*.

128

Resumen de la Sala de la Unidad

* La Fraternidad Universal se basa en que todos somos Uno, es decir que somos parte de un mismo ser.

* Para plasmar en el mundo esa realidad metafísica es necesario que los espiritualistas formen núcleos de la Fraternidad Universal, células de resistencia al materialismo.

* Nuestro objetivo último como humanidad consciente de la Unidad es la restauración de la sociedad primordial.

* La regla de oro establece el siguiente mandamiento universal: *"Trata al prójimo del mismo modo en el que quisieras ser tratado"*.

Mantra de la Unificación

Los hijos de los hombres son uno y yo soy uno con ellos,

Cuido de amar, no de odiar;

Cuido de servir, no de exigir servicio;

Cuido de curar, nunca de herir.

Que el dolor traiga la debida recompensa de Luz y Amor,

Que el Alma controle la forma externa,

La vida y todos los acontecimientos

Y traiga a la Luz el Amor subyacente

A todo lo que ocurre en esta época.

Que lleguen visión y percepción internas,

Que el porvenir sea revelado,

Que la unión interna sea demostrada

Y que cesen las divisiones externas.

Que prevalezca el Amor.

Que todos los hombres amen.

Cuento: Soy tú

El amante llama a la puerta del Amado. "¿Quién eres?", le pregunta el Amado. "Soy yo." Y la puerta no se abre.

El Amado repite la pregunta y el amante sigue contestando "soy yo". La puerta no se abrirá hasta que el amante no responda: "Soy Tú"

La Sala de la Virtud

(Décima primera estancia)

"El hecho de que millones de personas compartan los mismos vicios no convierte esos vicios en virtudes; el hecho de que compartan muchos errores no convierte a éstos en verdades, y el hecho de que millones de personas padezcan las mismas formas de patología mental no hace de esas personas gentes equilibradas".
(Erich Fromm)

VIRTUS VIRTUTIS PRAEMIUM

"La virtud es nuestra recompensa"

Una larga galería te conducirá a una nueva sala donde ocupa un lugar central la décima primera placa. En ella podrás apreciar una fantástica salamandra que vive plácidamente entre las llamas mientras que un curioso joven domina, sin mayor problema, dos serpientes con sus manos.

La inscripción de la losa dice simplemente: *"Virtus virtutis praemium"* ("La virtud es nuestra recompensa"), una máxima que está en plena concordancia con los usos y costumbres de los antiguos rituales iniciáticos donde se erigían *"altares a la Virtud y tumbas a los vicios"*.

Mientras que el "Hombre Nuevo" (neos anthropos) es consciente que su vida debe ser un ejemplo de Virtud para construir una sociedad nueva y mejor, el "hombre viejo" (palaios anthropos), ciego e ignorante, es prisionero de sus pasiones y vive deslumbrado por la sociedad de consumo, actuando como un corderito que sigue obedientemente al rebaño, donde reinan el vicio y el relativismo.

Más allá de la moral pasajera, que hoy estima una cosa como correcta y mañana como incorrecta, existe una ética universal de naturaleza atemporal, la cual fue resumida por Kant en una sola frase: *"Obra sólo según una máxima tal que puedas querer al mismo tiempo que se torne en ley universal"*. Dicho de otro modo: *"Actúa como quisieras que todas las demás personas actuaran"*, e incluso: *"Trata al prójimo del mismo modo en el que quisieras ser tratado"*, lo cual no es otra cosa que la regla de oro que citamos anteriormente.

Aunque el ser humano ha logrado enormes avances tecnológicos que nos siguen sorprendiendo, interiormente no ha logrado evolucionar demasiado desde hace muchísimos siglos y aun así se sigue rindiendo culto a un dudoso "progreso" que ha depredado a la Madre Tierra en nombre del "confort".

Los problemas emocionales que aquejaban al Cromagnon no son tan diferentes a los del corredor de bolsa de Wall Street, aunque el atuendo y el entorno sean totalmente distintos. En este sentido, la ética atemporal es una guía de comportamiento perenne, la cual —en su origen— estaba ligada a los dioses. Dicho de otro modo: el hombre virtuoso de la sociedad primordial trataba de imitar a los dioses en todos los aspectos de su vida cotidiana y, al observar el orden cósmico, trataba de adecuar su vida, sus emociones y sus pensamientos a ese orden integral.

No obstante, cuando se produjo la disgregación de esta sociedad arquetípica (la simbólica caída de Adán, la destrucción de Hiperbórea, el hundimiento de la Atlántida, etc.), el ser humano se centró en sí mismo y comenzó a repetir orgullosamente y autoconvencerse que *"el hombre es la medida de todas las cosas"*, amo y señor de la creación, dejando de lado a sus referentes celestes, aislándose de la Naturaleza y adoptando modelos de comportamiento defectuosos, de acuerdo a su grado de inconsciencia e ignorancia.

La senda de la Virtud está reservada a aquellos que son puros interiormente, es decir los verdaderos "nobles de corazón", (la "aristocracia cordial") y para alcanzar la pureza hay un solo camino: el trabajo interior, el despertar de la conciencia, mediante el cual tomaremos el control de las emociones y los pensamientos, a fin de no dejarnos arrastrar por una sociedad insana.

En nuestra época desacralizada, el virtuoso rema contra la corriente, mientras que el vicioso no necesita remar porque la propia corriente lo arrastra. No obstante, una sociedad enferma como la nuestra puede ser de gran utilidad como gimnasio psicológico, una sala de entrenamiento para el Alma. Mientras que los cobardes se amilanan ante la menor dificultad, los valientes saben que la adversidad los hará más fuertes. Oliver Wendell Holmes decía: *"Si yo poseyese una fórmula para eludir las dificultades, no la difundiría a mi alrededor. A nadie haría ningún bien. Los inconvenientes engendran la capacidad de hacerles frente".*

La Virtud implica una fuerza interior que nos permite tomar las decisiones justas en los momentos precisos para poder evolucionar conscientemente. La senda virtuosa implica vencer nuestros defectos, del mismo modo que el niño de la placa simbólica logra doblegar a las serpientes ponzoñosas. Vencer nuestras pasiones no implica reprimirlas sino transmutarlas, convertirlas en algo mejor. Cada cosa que existe en nuestro interior tiene su propósito, por eso nuestra labor es convertir lo malo, lo grotesco y lo inútil en aquello que es bueno, bello y útil.

Aristóteles hablaba de la "regla dorada" o del "justo medio" explicando que la felicidad se encuentra en la virtud, no en el vicio. De acuerdo con él, *"La summa summarum de toda sabiduría humana es esta regla de oro "ne quid nimis", demasiado o demasiado poco echa todo a perder".*

De este modo podemos establecer que los extremos son "viciosos" mientras que el camino del medio es "virtuoso". La siguiente tabla resume este punto:

Cobardía (vicio)	Temeridad (vicio)	Valentía (virtud)
Avaricia (vicio)	Derroche (vicio)	Generosidad (virtud)

Platón, por su parte, consideraba cuatro virtudes fundamentales: Prudencia, Justicia, Fortaleza y Templanza, que son cuatro hábitos que se adquieren a través de una disciplina y de la repetición.

> *"Las virtudes no se originan ni por naturaleza ni contra naturaleza, sino que lo hacen en nosotros que, de un lado, estamos capacitados naturalmente para recibirlas y, de otro, las perfeccionamos a través de la costumbre".* (Aristóteles)

Resumen de la Sala de la Virtud

* Para construir una sociedad nueva y mejor, nuestra vida debe ser un ejemplo de Virtud.

* Más allá de la moral pasajera, que hoy estima una cosa como correcta y mañana como incorrecta, existe una ética universal atemporal común a todas las tradiciones espirituales.

* En nuestros días, el virtuoso rema contra la corriente, mientras que el vicioso es arrastrado por la misma corriente. En la cotidianidad de una sociedad insana, los caminantes encuentran su propio gimnasio psicológico.

La Sala de los Misterios

(Décimo segunda estancia)

"Las horas más oscuras de la noche son las más cercanas al amanecer" (Anónimo)

Has llegado al último recinto, el más sagrado de todos, ubicado en el centro mismo del Templo de la Pansofía: el Sancta Santorum. En la entrada encontrarás una última

"Sigue las estrellas"

losa, que tiene dibujada un halcón con una llave en su pico y un conjunto de estrellas, que representan la Cruz del Sur y la Osa Menor, las dos constelaciones que nos sirven para encontrar el Norte celeste. Una frase acompaña la placa: *"Ad Astra Sequor"*, esto es: "Sigue las estrellas", invitándonos a apuntar alto y alcanzar el cielo.

El inmenso salón está iluminado por una enorme antorcha de llamas ondulantes. Para llegar a este fuego, debes subir una plataforma con 33 escalones, cada uno de ellos decorado con el nombre de un héroe o instructor del pasado. Al ascender lentamente, podrás sentirte acompañado en cada paso por cada uno de estos augustos representantes de la cadena tradicional... Enoch, Melquisedec, Hermes Trimegisto, Vyasa, Quetzalcóatl, Confucio, Cristo, Buddha, Zoroastro, Sankaracharya, Gurú Nanak, Orfeo, Pitágoras, Lao-tsé, Platón, Mahoma...

Luego de subir uno a uno los peldaños, llegarás ante el fuego central que marca el fin de tu peregrinación, el punto central del Templo de la Pansofía, el lugar sacrosanto que representa el fin de toda búsqueda, de toda odisea. El centro buscado por los héroes de las leyendas, el eje del mundo donde se resuelven todas las disputas y contradicciones.

En este punto sagrado, ante la llama eterna de la sabiduría, entenderás muchas cosas.

Comprenderás que eres un alquimista que tiene el poder de transmutar lo feo en bello, lo inútil en útil y lo malo en bueno.

Sabrás también que eres un guerrero luminoso que deberá enfrentarse con valentía a lo desconocido y derrotar a los cuatro dragones de los elementos, a fin de bañarte con su sangre y obtener así su fuerza.

Comprenderás finalmente que, como representante de la especie humana en este recinto sagrado, eres la promesa de un mundo nuevo, porque la semilla del Hombre Nuevo está empezando a brotar en tu corazón. Riégala y permítela crecer.

La revolución silenciosa de los nobles de corazón está muy cerca. Los tiempos cada vez son más propicios, aunque todavía debamos esperar más oscuridad en este mundo al revés, pues nuestra civilización enferma deberá "tocar fondo" antes de poder centrarse en la construcción de un mundo mejor.

Esta penosa situación no era desconocida por los antiguos, quienes nos enseñaron que nuestros tiempos de decadencia correspondían a la edad más oscura, la edad de hierro o "Kali Yuga", un período sombrío de maldad, guerras y desorden donde el vicio se ha convertido en la norma y la virtud en la excepción.

Nuestra tarea es seguir el ejemplo decidido de Gandhi y Thoreau, y conformar una resistencia pacífica a este reino del caos, convirtiendo nuestra existencia en un movimiento de *contra fricción que pare la máquina*", a fin de custodiar y preservar esta llama eterna obedeciendo el mandato de Edward Carpenter:

"¡Oh, no dejéis morir la llama! Protegida con ternura edad tras edad en las oscuras cavernas, en sus santos templos cuidada. Alimentada por puros ministros de amor, no dejéis morir la llama".

Ante el avance de las tinieblas, la muerte y el odio, la única solución es convertirnos nosotros mismos en fuente de Luz, de Vida y de Amor, haciéndonos eco de las palabras de San Francisco de Asís:

Señor, haz de mi un instrumento de tu paz.
Donde haya odio, que yo lleve Amor.
Donde haya ofensa, que yo lleve Perdón.
Donde haya discordia, que yo lleve la unión.
Donde haya duda, que yo lleve la Fe.
Donde haya error, que yo lleve la Verdad.
Donde haya desesperación, que yo lleve la Esperanza.
Donde haya tristeza, que yo lleve la Alegría.
Donde haya tinieblas, que yo lleve la Luz.

Oh Maestro,
concédeme que yo no busque ser consolado,
sino consolar.
Ser comprendido, sino comprender.
Ser amado, sino amar.

Porque: dando se recibe,
perdonando se es perdonando,
muriendo se resucita a la Vida Eterna.

Seguir la sabiduría significa ir en contra de la corriente, evitando el camino fácil de la muchedumbre. Esta situación no es nueva y ya era advertida por los antiguos filósofos: *"Quienes buscan una vida superior en la prudencia, quienes aspiran a vivir fieles a sus principios espirituales, deben estar preparados para ser objeto de burla y condena. Muchas personas que bajan progresivamente el listón de sus aspiraciones personales en un intento de ganar aceptación social y más comodidad en la vida terminan amárgamente resentidos con quienes tienen inclinaciones filosóficas y se niegan a comprometer sus ideales espirituales en su búsqueda por mejorarse a sí mismos. Nunca vivas en función de estas Almas desdichadas. Compadécete de ellas al tiempo que te mantienes firme en lo que tú sabes que es bueno".* (22)

Noble caminante: El sendero que debes transitar no es fácil pero es el único digno de ser recorrido. Los Maestros de Sabiduría confían en tu esfuerzo, pues necesitan un ejército de seres humanos nuevos y mejores, conscientes de su verdadera identidad y dispuestos a trabajar por un destino más luminoso.

¡Adelante! ¡Atrévete a avanzar! ¡Semper ascendens!

Resumen de la Sala de los Misterios

* Toda peregrinación iniciática culmina en el centro, en el simbólico "Sancta Sanctorum" donde se alcanza la Iluminación de la conciencia.

* Seguir la sabiduría significa ir en contra de la corriente, evitando el camino fácil de la muchedumbre.

Glosario de términos

Absoluto: Inteligencia macrocósmica, el Uno sin segundo o simplemente "el misterio de los misterios". Una forma apropiada para denominar a "Dios", la divinidad como un todo.

Adepto: Seres humanos que han alcanzado la Maestría pues han finalizado la senda iniciática que nosotros estamos recorriendo o empezando a recorrer. Simbólicamente han abierto la "puerta del templo" alcanzando la Iniciación y ampliando Su Conciencia.

Albedo: Segunda etapa de la ascesis alquímica. Pasaje desde las tinieblas a la luz, vivificando y vitalizando la materia con la vida. En este grado, el trabajo interno se centra en el cuerpo vital o pránico, es decir aquel que anima y da vida al cuerpo físico. Cámara blanca.

Alineación: Labor de ordenar y "purificar" los cuatro cuerpos de la personalidad (físico, vital, emocional y mental inferior) convirtiendo cada vehículo de la personalidad en un instrumento eficaz a las órdenes del Yo Superior.

Alma Espiritual: La Tríada Manas-Buddhi-Atma, el Yo Superior.

Arte: Actividad creativa del hombre que –mediante la combinación de materias primas, sonidos e imágenes– busca la comunicación de una idea o emoción, para producir una reacción en el espectador.

Ascesis: La "ascesis" (en Oriente "sadhana") es un método progresivo de perfeccionamiento interno que consta de diversos ejercicios introspectivos, así como pruebas y desafíos personales que se deben superar antes de alcanzar la iluminación.

Aspirante: Persona que se halla en la antesala del camino, que recibe las primeras impresiones sobre la senda espiritual y que está decidido a dar el primer paso.

Atma: Voluntad pura. La parte más elevada de nuestro Ser, la chispa divina en nosotros.

Buddhi: La inteligencia más allá del intelecto y la comprensión a través de la intuición.

Buscador: Ser humano que no se contenta con la superficialidad reinante en el mundo y comienza a "buscar" respuestas a sus preguntas existenciales.

Chakras: Del sánscrito "ruedas". Centros de energía situados en los vehículos sutiles del hombre. Los siete principales están dispuestos a lo largo de la columna vertebral: Muladhara (raíz), Swadisthana (genital), Manipura (plexo), Anahata (cardíaco), Vishudda (laríngeo), Ajna (entrecejo) y Sahasrara (coronilla).

Ciencia: Actividad humana que tiene como objetivo el descubrimiento de los secretos de la Naturaleza. Mientras que la ciencia profana se centra en la observación e interpretación de los fenómenos naturales físicos, desconociendo o ignorando la "realidad espiritual o invisible", la Sabiduría Antigua propone una nueva Ciencia útil al desarrollo de la conciencia y absolutamente compatible con la vida espiritual.

Ciencias Arcanas: Disciplinas antiguas cuyos vestigios han llegado hasta nosotros en la forma del Tarot, el I-Ching, la Astrología, etc., aunque la sociedad materialista se ha encargado de trivializarlas y adaptarlas a los deseos egoístas de los hombres, quitándoles su contenido espiritual.

Citrinitas: Tercera etapa de la ascesis alquímica. En esta etapa el candidato debe centrar su trabajo en el cuerpo emocional, en el control y la purificación de las emociones, armonizando además sus centros sutiles (chakras) a través de la vocalización y el canto devocional. Cámara amarilla.

Conciencia: Comprensión íntima de quiénes somos, adónde vamos, cuál es nuestra naturaleza y cuál es nuestra misión en esta vida. Según las enseñanzas arcaicas, el ser humano tiene la conciencia dormida y podrá despertar de dos maneras fundamentales: una agradable, a través de la ascesis (el trabajo interior) y otra desagradable, mediante el sufrimiento.

Constitución septenaria: División de "siete vehículos" o cuerpos en el ser humano en consonancia con las enseñanzas esotéricas: cuerpo étero-físico, cuerpo vital, cuerpo emocional, mente de deseos, Manas (Mente superior), Buddhi (Cuerpo intuicional), Atma (Voluntad pura).

Cuaternario inferior: Es la porción mortal del ser humano conformada por: el cuerpo étero-físico, el cuerpo pránico o vital, el cuerpo emocional o astral y el cuerpo mental inferior o kama-manas. El cuaternario es el complemento perecedero de nuestro "Yo más alto" o "Tríada superior".

Dharma: "Sendero en la vida", "Orden universal", "Ley", "Deber", desde un punto de vista práctico se traduce como "Propósito en la vida".

Discípulo: Persona que ha trascendido su condición de

probacionista y ha sido aceptado para pasar las cinco iniciaciones del Alma Espiritual (Tierra-Agua-Aire-Fuego-Éter).

Elementos: Tierra, Agua, Aire, Fuego y Éter.

Esoterismo: Conocimiento interno, invisible y esencial. Toda doctrina tiene dos grados de enseñanza: uno externo (exotérico) y otro interno (esotérico). Ambos son opuestos y a la vez complementarios, pero el esoterismo es el que le da sentido a lo exterior y visible. Una ceremonia religiosa donde el oficiante y los feligreses desconozcan el valor interno de la misma podrá ser muy bonita estéticamente e incluso emocionalmente, pero en el fondo será una parodia intrascendente, un espectáculo hueco para hombres dormidos.

Estados de conciencia: Diversos grados del despertar de la conciencia, desde el sueño profundo del vulgo profano a la vigilia de los Adeptos que han alcanzado la iluminación.

Exoterismo: Conocimiento externo, visible y superficial, opuesto y complementario del esoterismo.

Filosofía: Amor a la Sabiduría.

Filosofía Perenne: Sabiduría tradicional, atemporal e integradora, un conocimiento ancestral y profundo que brinda las herramientas básicas para el perfeccionamiento humano.

Hombre Nuevo: "Neos anthropos", el Iniciado perfecto, el ser humano que se ha purificado a través de los cinco elementos, el único que puede constituir una élite para guiar a la humanidad hacia un mundo nuevo y mejor.

Hombre Viejo: "Palaios anthropos", hombre apegado

a la materia, esclavo de los sentidos, sin propósito y sin trascendencia en la vida.

Iniciación: La iluminación, el camino a la reintegración con Dios. Es un "estado de conciencia" que se alcanza luego de una esforzada peregrinación por un camino de perfeccionamiento llamado tradicionalmente "Sendero Iniciático".

Kama-manas: Mente inferior, teñida de deseos, por lo cual también recibe el nombre de "mente de deseos".

Karma: El Principio de Causa y Efecto: "Toda causa tiene su efecto; todo efecto tiene su causa; todo sucede de acuerdo a la ley; la suerte no es más que el nombre que se le da a la ley no reconocida; hay muchos planos de casualidad, pero nada escapa a la Ley". No existe el azar ni la casualidad. Todo acontecimiento no es fortuito sino que forma parte de una cadena de causas y efectos.

Kybalión: Compilación de siete principios universales realizada a principios del siglo XX por "Tres Iniciados" tomando como punto de partida las enseñanzas atemporales de Hermes Trimegisto, el tres veces grande.

Manas: Mente Superior. Es el instrumento del Alma Espiritual para actuar en el plano de los pensamientos, tanto concretos como abstractos que usan al cerebro como un canal de comunicación entre la Mente y el cuerpo éterofísico.

Meditación: Disciplina espiritual mediante la cual podemos alcanzar el silencio necesario que nos permitirá entrar en comunicación directa con nuestro Maestro Interior.

Metanoia: Quiebre con la vida ordinaria y profana para

ingresar en una nueva existencia regida por principios trascendentes y por una comunión íntima con la divinidad. Eliade le llama "ruptura de nivel".

Misterios: Conocimiento ancestral dividido en "Misterios Menores" (Arte Real) y "Misterios Mayores" (Arte Sacerdotal). Los Misterios Menores son el medio de purificación iniciática de los probacionistas, mientras que los Misterios Mayores comprenden las iniciaciones discipulares.

Muerte: Es una culminación de una vida ligada a la ley de los ciclos, es decir el pasaje de un estado a otro que implica el nacimiento en otros planos.

Nigredo: Primera etapa de la ascesis alquímica o muerte mística. Primer paso de la Gran Obra, en el que la materia se reduce a la putrefacción. Cámara negra.

Oración: Disciplina espiritual mediante la cual podemos entrar en comunicación directa con nuestro Maestro Interior. No tiene nada que ver con las peticiones egoístas a un Dios antropomórfico y caricaturesco de barba blanca.

Pansofía: Saber total. Filosofía perenne y atemporal.

Personalidad: Los cuatro cuerpos del "cuaternario inferior". Físico, vital, emocional y Kama-manas. La palabra "personalidad" viene del latín "persona" que no es otra cosa que "máscara". Las máscaras teatrales clásicas además de ocultar el rostro verdadero tenían un artilugio que las hacía amplificar la voz ("per sonare", o sea "resonar").

Política: Es el arte y la ciencia de gestionar la vida pública teniendo como fin la plenitud de la vida humana. Desde una perspectiva tradicional el político debe trabajar conscientemente para reconstruir la sociedad primordial donde se promueva y ejercite la Fraternidad Universal sin distinción de raza, color, sexo, idioma, religión, opinión política, origen nacional, posición económica, nacimiento o cualquier otra condición social.

Probacionista: Cuando el aspirante se decide a hollar el Sendero, debe pasar por un período probatorio llamado "probacionismo" donde inicia las tareas de purificación personal a través de los Cuatro Elementos y los cuatro grados básicos de la ascesis iniciática.

Profano: Persona que fundamenta su vida en la materia, en la ilusión y la ignorancia. Simbólicamente son los que se quedan delante o fuera del Templo, sujetos a la apariencia puramente exterior de las cosas.

Reencarnación: Descenso del Alma humana a un cuerpo físico a través de muchas vidas, regresando una y otra vez, experimentando diferentes vivencias, entornos, clases sociales, razas, religiones, etc.

Religión: "Re-ligión" significa "volver a unir", es decir "re-unir" al hombre con la trascendencia, llevarnos a la Unidad.

Rubedo: Cuarta etapa de la ascesis alquímica. En esta etapa el candidato trabaja en la purificación de su mente de deseos, comprendiendo el proceso emocional en relación con sus pensamientos. Cámara roja.

Sendero Iniciático: Proceso espiritual metódico que nos lleva desde las tinieblas a la luz, atravesando diversas pruebas y desafíos a través de los Cuatro Elementos. Simbólicamente, este recorrido culmina luego de abrir la "puerta del templo" y entrar al Santuario del Ser o "Sancta Sanctorum".

Sinergia: Acción de dos o más causas cuyo efecto es superior a la suma de los efectos individuales, es decir la actividad coordinada de varios individuos para alcanzar una meta en común, en beneficio de todos.

Sociedad primordial: Sociedad mítica en la que el ser humano estaba en comunión con los dioses, viviendo en paz y armonía con sus semejantes. Este estado primordial ha sido relacionado con el Paraíso, la Atlántida o Hiperbórea. De acuerdo a la Filosofía Perenne, el objetivo último de la Política es la restauración de esta sociedad perfecta.

Tríada superior: El Alma Espiritual, constituida por Manas, Buddhi y Atma. Porción trascendente e inmortal del ser humano.

Vulgo profano: Aquellos que –por ignorancia e ilusión, no por maldad– se aferran al mundo material e ignoran la posibilidad de vivir una vida más plena cimentada en principios espirituales.

Referencias bibliográficas y notas

(1) Blavatsky, Helena: *La voz del silencio*. México D.F. Diana, 1979.

(2) Por "arte sacro" no queremos indicar "arte religioso" sino un nuevo arte que surja de la conciencia.

(3) Algunos traductores interpretan "Metanoia" como "arrepentimiento" e incluso "penitencia".

(4) Epicteto: *Manual de vida*. Palma de Mallorca, José J. de Olañeta, 1997.

(5) Calle, Ramiro: *Cuentos espirituales del Himalaya*. Málaga, Sirio, 2004.

(6) Plutarco citado en: Perry, Whitall N.: *Tesoro de sabiduría tradicional*. Palma de Mallorca, José J. de Olañeta, 2000.

(7) Versión didáctica de la alegoría de la caverna presentada por Gaarder, Jorstein: *El Mundo de Sofía*, Madrid, Siruela, 2004.

(8) Epicteto: *Manual, op. cit.*

(9) Calle, Ramiro: *101 cuentos clásicos de la India: la tradición de un legado espiritual*. Madrid, EDAF, 1994.

(10) González, Federico: *Introducción a la Ciencia Sagrada*. Disponible en la web.

(11) Schuon, Fritjof: *El esoterismo como principio y como vía*. PAlma de Mallorca, José J. de Olañeta, 2003.

(12) "Ex Oriente Lux" es una máxima correcta en los tiempos de la vieja Roma, pero si tenemos en cuenta un conocimiento arcaico originado en una sociedad primordial que se remonta a la Atlántida o –más lejos aún– en Hiperbórea, deberíamos hablar de "Ex Septentrionis Lux" que proviene de la mítica civilización del polo norte relacionada con Thule y con la segunda raza raíz de la Teosofía.

(13) Brhadaranyaka Upanisad

(14) Tomado de la revista teosófica "El Loto Blanco" de noviembre 1921.

(15) De Mello, Anthony: *La oración de la rana*. Bilbao, Sal Terrae, 1988.

(16) Tres Iniciados: *El Kybalión*. México D.F., Orión, 1977.

(17) Pavri, Pestanji: *Teosofía explicada en preguntas y respuestas*. México D.F., Orión, 1988.

(18) La palabra "laberinto" también proviene de "labrys" como estudiaremos en otros escritos de OPI.

(19) Molinos, Miguel de: *Guía espiritual*. Barcelona, Linkgua ediciones, 2009.

(20) Rojas, Enrique: *Siete síntomas de nuestro tiempo*. Periódico ABC, 2 de junio de 2003.

(21) Los "maquis" o "partigiani" eran los miembros de la resistencia al nazismo durante la Segunda Guerra Mundial en Francia e Italia respectivamente.

(22) Epicteto: *Manual, op. cit.*

El Programa OPI

La Escuela Internacional de Filosofía Iniciática a través de su Programa de Estudio "Opus Philosophicae Initiationis" (OPI) brinda las herramientas necesarias para todos los sinceros estudiantes de la Filosofía Perenne, nobles caminantes que deseen recorrer senderos de aventura desde la oscuridad a la luz, de la ignorancia a la sabiduría, de la materia al Espíritu.

Ese camino hacia lo alto, repleto de desafíos, constituye una vía de regreso al centro, a nuestra esencia, a fin de convertirnos en lo que verdaderamente somos.

Esa senda ascendente hacia la autorrealización, llamada SENDERO INICIÁTICO por los filósofos de la Tradición, es un proceso de perfeccionamiento que culmina en un estado de conciencia superior que conocemos como "Iniciación" o "Iluminación".

El corazón de nuestro Programa de Estudios OPI

(Obra Filosófica Iniciática) es este proceso iniciático que nos lleva a la reintegración, así como el descubrimiento de nuestro PROPÓSITO EN LA VIDA.

Nuestras enseñanzas sostienen que solamente a través de la práctica, la teoría puede convertirse en sabiduría, por lo tanto todos nuestros estudios apuntan a que el estudiante encarne en su vida cotidiana el Ideal Iniciático convirtiéndose él mismo en un canal de lo Bueno, lo Bello, lo Justo y lo Verdadero.

Nuestras enseñanzas

Nuestra Escuela tiene como objetivo "reunir lo disperso", es decir realizar una síntesis del conocimiento tradicional para que pueda ser accesible y aplicable a todas las personas que deseen trabajar interiormente a fin de alcanzar la autorrealización.

Para lograr esta ambiciosa meta hemos creado un programa de estudios cuyo eje es el ser humano en relación al Universo, a fin de que cada uno de los estudiantes pueda "conocerse a sí mismo" y descubrir su propósito en la vida.

La Escuela de Filosofía Iniciática muestra un camino a recorrer: del sueño a la vigilia, de la oscuridad a la luz, de la ignorancia a la sabiduría, es decir una auténtica VIA LUCIS, una senda luminosa que nos lleva a la trascendencia.

Este sendero implica la purificación de nuestra naturaleza inferior mediante un entrenamiento integral (ascesis) que busque el refinamiento de nuestro cuerpo físico, nuestro cuerpo vital, nuestras emociones y pensamientos para finalmente acceder a ese estado de conciencia superior que llamamos INICIACIÓN o ILUMINACIÓN DE LA CONCIENCIA.

Todo nuestro trabajo se fundamente en cumplir con nuestro propósito, desde el más cercano a nosotros (vocación) pasando por el consciencial (iluminación) hasta el más trascendente (reintegración).

Hazte lo que eres. Este es el supremo mandato de los Maestros de Sabiduría y es el objetivo fundamental de esta Escuela.

Más información: www.initiationis.org

www.ingramcontent.com/pod-product-compliance
Lightning Source LLC
LaVergne TN
LVHW041155080426
835511LV00006B/613